Autor — Murray Bookchin
Título — Anarquismo, crítica e autocrítica

Copyright _ The Murray Bookchin Trust. Todos os direitos reservados. Utilizado com permissão. 2011

Tradução© _ Felipe Corrêa e Alexandre B. de Souza

Títulos originais _ *Social Anarchism or Lifestyle Anarchism: An Unbridgeable Chasm* e *The Left that Was: A Personal Reflection.*

Corpo editorial _ Adriano Scatolin, Alexandre B. de Souza, Bruno Costa, Caio Gagliardi, Fábio Mantegari, Felipe C. Pedro, Iuri Pereira, Jorge Sallum, Oliver Tolle, Ricardo Musse, Ricardo Valle

Dados _

Dados Internacionais de Catalogação na Publicação (CIP)

B715   Bookchin, Murray (1921–2006)

Anarquismo, crítica e autocrítica. / Murray Bookchin. Tradução de Felipe Corrêa e Alexandre B. de Souza. Introdução de Felipe Corrêa. – São Paulo: Hedra, 2010. 146 p.

ISBN 978-85-7715-205-6

1. Movimento Político. 2. Sistema Político. 3. Anarquismo. 4. Esquerda Política. I. Título. II. Anarquismo social ou anarquismo de estilo de vida: um abismo intransponível. III. A esquerda que se foi: uma reflexão pessoal. IV. Corrêa, Felipe, Tradutor. V. Souza, Alexandre B. , Tradutor. VI. Corrêa, Felipe.

CDU 329.285
CDD 320.57

Elaborado por Wanda Lucia Schmidt CRB-8-1922

Direitos reservados em língua portuguesa somente para o Brasil

EDITORA HEDRA LTDA.

Endereço _ R. Fradique Coutinho, 1139 (subsolo) 05416-011 São Paulo SP Brasil

Telefone/Fax _ +55 11 3097 8304

E-mail _ editora@hedra.com.br

Site _ www.hedra.com.br

Foi feito o depósito legal.

Autor _ MURRAY BOOKCHIN

Título _ ANARQUISMO, CRÍTICA E AUTOCRÍTICA

Tradução _ FELIPE CORRÊA E
ALEXANDRE B. DE SOUZA

Introdução _ FELIPE CORRÊA

São Paulo _ 2011

hedra

Murray Bookchin (Nova York, 1921–Burlington, 2006) foi um militante e pensador anarquista que desenvolveu ideias inovadoras no campo da ecologia social, da democracia direta e do municipalismo libertário. Passou pelo marxismo-leninismo, pelo trotskismo e, como trabalhador da General Motors, participou do movimento sindical. Abandona o trotskismo e envolve-se com a pesquisa da ecologia, publicando "The Problem of Chemicals in Food" (1952). No final dos anos 1950, frequenta reuniões da Libertarian League em Nova York e, convencido da importância da descentralização, é conduzido ao anarquismo, aprofundando as reflexões em torno da ecologia social e da sociedade hierárquica, que serão mais tarde tratadas em *The Ecology of Freedom* (1982). Formula ideias sobre a "pós-escassez", em "Post-Scarcity Anarchism" (1968), sustenta que as inovações tecnológicas facilitariam o comunismo libertário. Defende a espontaneidade e a organização, sem considerá-las antíteses. Motivado com os estudos acerca da democracia ateniense, passa a defender a democracia direta como pilar do anarquismo, aprofundando as discussões em "Forms of Freedom" (1968). No início dos anos 1970, envolve-se com os East Side Anarchists de Nova York e com a revista *Anarchos*, onde surgem as ideias do "municipalismo libertário", que serão aprofundadas em *The Rise of Urbanization and Decline of Citizenship* (1987) / *Urbanization Against Cities* (1992) e em *From Urbanization to Cities* (1995). De 1983 a 1990 produz significativo material sobre o tema e forma um grupo municipalista em Burlington, Vermont. Nos anos 1990, faz uma crítica à influência que o individualismo vinha exercendo sobre o anarquismo em "Anarquismo social ou anarquismo de estilo de vida", e envolve-se em uma extensa polêmica com grande parte do anarquismo norte-americano. Em 1996, esgota-se da polêmica e, em 1999, rompe com o anarquismo, propondo uma nova ideologia, o "comunalismo": uma espécie de síntese do anarquismo e do marxismo. Falece em 2006 por problemas cardíacos.

Anarquismo, crítica e autocrítica reúne dois textos: "Anarquismo social ou anarquismo de estilo de vida: um abismo intransponível", de 1995, e "A esquerda que se foi: uma reflexão pessoal", de 1991. O primeiro insere-se dentro da polêmica em que Bookchin teve destacado papel, por tentar diferenciar dois projetos que haviam se colocado dentro do anarquismo: um individualista e outro socialista. Acreditava que os valores clássicos do anarquismo (considerado um socialismo libertário) estavam perdendo espaço para propostas impregnadas de certa radicalidade no discurso mas que, na prática, não teriam qualquer possibilidade de promover transformação social. O segundo avalia a atual esquerda que estaria em processo de degeneração, comparando-a com a clássica "esquerda que se foi". Afirma o internacionalismo, o federalismo, o compromisso com a democracia e os objetivos revolucionários.

Alexandre B. de Souza é tradutor, poeta e editor do selo Cachalote. Escreveu *Autobiografia de um super-herói* (Hedra, 2003), *Azul escuro* (Hedra, 2003) e *11+1: poemas* (Cachalote, 2010).

Felipe Corrêa é editor, pós-graduado pela Escola de Sociologia e Política de São Paulo e pesquisador do anarquismo e dos movimentos populares.

SUMÁRIO

Introdução, por Felipe Corrêa   9

ANARQUISMO, CRÍTICA E AUTOCRÍTICA   43

Anarquismo social ou anarquismo de estilo de vida
    Um abismo intransponível   45

Uma nota ao leitor   45

Anarquismo social ou anarquismo de estilo de vida   48

O anarcoindividualismo e a reação   52

Autonomia ou liberdade   58

Anarquismo como caos   67

Anarquismo místico ou irracionalista   75

Contra tecnologia e civilização   78

Mistificando o primitivo   87

Avaliando o anarquismo de estilo de vida   105

Rumo a um comunalismo democrático   113

A esquerda que se foi
    Uma reflexão pessoal   121

Internacionalismo, nacionalismo e confederação   124

O compromisso com a democracia   128

Antimilitarismo e revolução   130

Secularismo e racionalismo   132

A Primeira Guerra Mundial e o bolchevismo   134

A esquerda e a "Guerra Fria"   137

Existirá uma esquerda hoje?   141

INTRODUÇÃO†

> É estando com os explorados, os assalariados, as vítimas do autoritarismo que as ideias anarquistas podem ser conhecidas e aplicadas. Os grupos de iniciados fechados sobre si mesmos matam as ideias que tencionam defender. São os militantes implicados em atividades sociais [...] que são a fonte de um desenvolvimento rápido das ideias de Bakunin e Kropotkin.
>
> Frank Mintz

ANARQUISMO: UMA BREVE PERSPECTIVA

POR MEIO DA aproximação entre o operariado francês e inglês surgiu, em 1864, em Londres, a Associação Internacional dos Trabalhadores (AIT), conhecida posteriormente como Primeira Internacional. A AIT foi fundada dentro de um contexto específico de desenvolvimento do capitalismo na Europa e do consequente surgimento de um proletariado que se constituía como classe naquele momento. Este operariado francês tinha significativa influência das ideias do socialista P.-J. Proudhon, que vinha difundindo seu pensamento em uma vasta obra crítica ao capitalismo e ao Estado, que afirmava o mutualismo e o federalismo. Em livros que vão desde *O que é a propriedade?*, de 1840, até *Da capacidade política das classes operárias*, obra póstuma de 1865, Proudhon fundaria as bases sobre as quais se

---

† Utilizei o artigo "Bookchin Breaks With Anarchism" de Janet Biehl como base desta introdução. Biehl foi companheira de Bookchin e, no meu entender, é a maior conhecedora e intérprete de seu pensamento. Agradeço a Raphael Amaral, Pablo Ortellado, Rodrigo Rosa, Bruna Mantese, Arthur Dantas e Ruy Fernando; uns por terem me apresentado este livro, outros por terem discutido comigo diversos de seus aspectos, fundamentais para reflexões posteriores. A eles, gostaria de dedicar esta publicação.

INTRODUÇÃO

10   constituiu a ideologia anarquista, expressando em seus escritos muitos dos sentimentos que estavam latentes no movimento operário de sua época.

O anarquismo, como ideologia — e, portanto, como um sistema de ideias, motivações, aspirações e valores, vinculado a uma prática política no sentido de combater o capitalismo, o Estado e, por meio da revolução social, estabelecer o socialismo libertário —, nasceu por uma influência direta do federalismo proudhoniano, no seio da AIT, pelo trabalho de Bakunin e outros militantes que constituíram, em 1868, a Aliança da Democracia Socialista (ADS).

Assim, é possível afirmar que o anarquismo, coletivo e organizado, tem início determinado, e não é um sentimento humano que sempre existiu na história, como afirmaram alguns historiadores.[1] Pode-se dizer que, desde sempre, houve um espírito libertário em setores populares que, em diversos momentos, manifestou-se, mas, o anarquismo como tal nasce no século XIX na Europa, neste contexto de surgimento do capitalismo e de um determinado estágio de desenvolvimento do proletariado como classe.

Desde aquele momento, o anarquismo colocado em prática pelos "bakuninistas" propunha um modelo ideológico de luta pela transformação social, colocando a responsabilidade por esta transformação no movimento de massas, que era construído, naquele momento, no seio da AIT.

As propostas que Bakunin fez para a AIT tinham por objetivo conceber um movimento popular amplo, que pudesse promover a revolução social, e também lançavam as bases do que ficaria conhecido, um pouco depois, como sindicalismo

---

[1]Não concordo com aqueles que inserem na história do anarquismo todas as posições contra a autoridade e antiestatistas que ocorreram na história. Para mim, o anarquismo não é um sentimento antiautoritário que existe desde os tempos de Lao Tsé, mas uma ideologia que nasceu na Europa do século XIX, a partir das aspirações populares, propondo transformar o capitalismo nascente e as formas pré-capitalistas de exploração ainda em funcionamento, por meio de uma revolução social, em socialismo libertário.

revolucionário. Enfatizava Bakunin em "A política da Internacional", de 1869:

A Associação Internacional dos Trabalhadores, fiel a seu princípio, jamais apoiará uma agitação política que não tenha por objetivo imediato e direto a *completa emancipação econômica do trabalhador*, isto é, a abolição da burguesia como classe economicamente separada da massa da população, nem qualquer revolução que desde o primeiro dia, desde a primeira hora, não inscreva em sua bandeira *liquidação social*. [...] Ela dará à agitação operária em todos os países um caráter essencialmente *econômico*, colocando como objetivo a diminuição da jornada de trabalho e o aumento dos salários; como meios, a *associação das massas operárias* e a formação das *caixas de resistência*. [...] Ela ampliar-se-á, enfim, e organizar-se-á fortemente, atravessando as fronteiras de todos os países, a fim de que, quando a revolução, conduzida pela força das coisas, tiver eclodido, haja uma força real, sabendo o que deve fazer e, por isso mesmo, capaz de apoderar-se dela e dar-lhe uma direção verdadeiramente salutar para o povo; uma organização internacional séria das associações operárias de todos os países, capaz de substituir esse mundo político dos Estados e da burguesia [...].[2]

Surgido durante a AIT, o anarquismo da ADS espalhou-se pelo mundo e foi defendido por outros anarquistas como Kropotkin e Malatesta. Com mudanças estratégicas em relação a aspectos diversos, o anarquismo passou do coletivismo dos bakuninistas da AIT ao anarcocomunismo de Kropotkin e Malatesta, adotou estratégias insurrecionais nos momentos em que se descolou do movimento operário e, aos fins do século XIX, retomou o contato com o movimento popular na construção do sindicalismo revolucionário da Confederatión Générale du Travail (CGT) francesa.

O sindicalismo revolucionário entraria com força no século XX e deteria a hegemonia do anarquismo neste século, sendo responsável por imensas mobilizações de massa em nível mundial, que colocaram o anarquismo como uma das grandes ideologias socialistas do movimento operário. Foi com este

[2]Mikhail Bakunin. "A política da Internacional". São Paulo: Imaginário/Faísca, 2008, pp. 67–69.

viés, de ideologia do movimento de massas, que o anarquismo protagonizou episódios decisivos na história das lutas de classe como a Revolução Mexicana, as Revoluções da Rússia e da Ucrânia, os levantes na Bulgária, a Revolução Espanhola e diversos outros. No Brasil, isso não foi diferente, tendo o anarquismo estado à frente de mobilizações como a Greve Geral de 1917 e a Insurreição Anarquista de 1918.

Apesar disso, desde o século XIX, o universo anarquista conviveria com as heranças que poderíamos chamar libertárias, mas não anarquistas, de pensadores que, de alguma forma, defendiam posições antiautoritárias de crítica ao Estado, mas que não eram socialistas. Este é o caso de Max Stirner, com sua defesa do individualismo extremo, e de Willian Godwin, com sua crítica à cooperação.

O individualismo, que possui suas bases nos escritos de Stirner e que foi encontrando outras referências ao longo do tempo, sustenta uma posição de que a sociedade não é um organismo, mas um conjunto de indivíduos autônomos, sem obrigação com as instituições. Muitas vezes contrários à associação ou à organização, os individualistas acreditam que é o esforço pessoal que leva à liberdade — sendo esta liberdade, na maioria dos casos, considerada estritamente individual.

Apesar de nunca terem sido hegemônicas, as posições individualistas encontraram algum destaque na França, na Alemanha e nos EUA. Um traço marcante do individualismo foi haver se fundamentado muito mais nas críticas — realizadas com mais ênfase ao Estado do que ao capitalismo — do que nas propostas construtivas, de socialismo, ainda que libertário —, o que fez com que o individualismo, por diversas vezes, tangenciasse o liberalismo puro e simples. No entanto, o fato é que em diversas circunstâncias durante a história, o individualismo foi aceito por parte dos anarquistas e houve aqueles que defenderam, assim como alguns ainda defendem hoje, uma corrente que seria "anarcoindividualista", que conviveria no amplo universo libertário com correntes como o anarcossindicalismo e o anarcocomunismo.

Na história libertária dos EUA, o que se pode ver é a existência de duas correntes. De um lado, um anarquismo bastante inspirado nos pressupostos da AIT, levado a cabo pela International Working People's Association (IWPA) que, além do anarquismo militante e revolucionário, defendia a igualdade de gênero e de raça. A IWPA, em 1886, foi uma das organizações que esteve por trás das mobilizações que impulsionaram a greve geral pela jornada de oito horas de trabalho no Primeiro de Maio, que levaria aos acontecimentos de Haymarket e ao assassinato daqueles que ficaram conhecidos como os Mártires de Chicago. Outro exemplo que se aproxima significativamente desta tradição é o sindicalismo revolucionário dos Industrial Workers of the World (IWW). Lucy Parsons foi uma militante exemplar desta linha do anarquismo, que participou tanto do movimento de luta pelas oito horas como do IWW — sendo uma das suas grandes representantes. De outro lado, havia um individualismo autóctone, que se desenvolveu por meio de figuras como Josiah Warren, com sua participação nas comunidades New Harmony, Village of Equity, Utopia e Modern Times; Henry Thoreau, com sua proposta de desobediência civil; e Benjamim Tucker, que tentou conjugar as ideias de Warren e Proudhon, tomando posições deliberadamente antissocialistas. Estas duas correntes — do socialismo revolucionário e do individualismo — entrelaçaram-se e distanciaram-se na história dos EUA, influenciando-se mutuamente mais ou menos conforme a época. E isso teria consequências significativas sobre o anarquismo nos EUA, universo onde se inserem os escritos de Bookchin.

DO MARXISMO AO ANARQUISMO: CLASSE E ECOLOGIA SOCIAL

Nascido em 1921, Murray Bookchin, antes de chegar ao anarquismo, passou por outras correntes socialistas. Integrou o movimento comunista nos anos 1930 e a Workers' School, em Nova York, tendo sido educado segundo os pressupostos do marxismo-leninismo. Frustrou-se, em meados dos anos 1930, com o autoritarismo dos stalinistas, integrando, em 1939,

14 | o Socialist Workers Party (SWP) — Quarta Internacional. Naquele momento, o SWP era o maior partido trotskista dos EUA e um dos maiores do mundo, chegando a ter aproximadamente mil militantes em seu apogeu. A reivindicação do trotskismo nestes fins dos anos 1930 e início dos 1940 era defender as autênticas raízes do bolchevismo, herdadas da revolução de 1917 na Rússia. Os trotskistas opunham-se ao regime ditatorial e contrarrevolucionário de Stalin e apoiavam a luta de Trotsky da reivindicação destas raízes da Revolução de Outubro. Sua defesa da Quarta Internacional baseava-se em uma aberta rejeição à Terceira Internacional (Comintern) e na defesa de uma revolução proletária contra o capitalismo, o nazismo e o stalinismo.

Os trotskistas sustentavam, naquele momento, que a Segunda Guerra seria uma continuação da Primeira, e, da mesma forma, deveria, ao final, dar espaço a outra série de revoluções; uma aposta realizada pelo próprio Trotsky. No entanto, para Bookchin, "nos anos 1943-44, era quase óbvio que o prognóstico de Trotsky estava completamente errado".[3] Entre os trotskistas, este fato produziu sérios questionamentos e vários deles desiludiram-se com a teoria marxista da hegemonia do proletariado, ainda antes do fim da guerra.

Depois do serviço militar, Bookchin foi trabalhar na General Motors (GM) em New Jersey e entrou para o United Auto Workers (UAW), um agrupamento operário que tinha forte tradição na militância sindical, atingindo seu ápice em uma greve de novembro de 1945 contra a GM, reivindicando 30% de aumento nos salários. Isso ocorreu no momento em que a GM negou o aumento e 225 mil trabalhadores entraram em greve, assim permanecendo por quase quatro meses. No final, o sindicato aceitou que os trabalhadores retornassem ao trabalho por um pequeno aumento nos salários.

Bookchin sempre esperou uma mobilização destas proporções no UAW, mas que nunca voltou a ocorrer. Em 1948, durante

---

[3]Murray Bookchin. "Carta a Marcel Van der Linden, 14 de dezembro de 1998". In: Janet Biehl. "Bookchin's Originality".

uma nova greve, ele presenciou os trabalhadores aceitando aumentos nos salários, seguro de saúde pago pela empresa, fundos de pensão e férias estendidas pagas nas negociações.

Estas e outras experiências tiveram significativa influência para que Bookchin deixasse de acreditar na classe operária como principal agente da transformação social, da forma como havia previsto Marx. Sua frustração com o operariado urbano e industrial, e com o próprio sindicalismo como forma de organização dos trabalhadores, contribuiria sobremaneira para as teses que seriam formuladas anos depois. Neste momento, Bookchin notava que "não estava mais claro que o capitalismo, como Marx havia previsto, destruiria a si mesmo submetendo os trabalhadores a um estado intolerante de pobreza".[4] E mais, os sindicatos mostravam-se, cada vez mais, aliados do capital. Assim, trabalho e capital começaram a unir-se em uma "feliz união" de maneira que o capitalismo foi capaz de utilizar muitos sindicatos para afastar militantes sindicais.[5]

A revolução que não aconteceu durante a guerra e nem ao final dela frustrou todo o movimento trotskista, incluindo Bookchin, que também se convenceu de que a classe operária, como uma força hegemônica, estaria morta. Isso fez com que Bookchin abandonasse o trotskismo, ainda que tenha continuado por mais algum tempo no SWP. Ele concluía que o proletariado, em lugar de ser conduzido pela miséria à revolução, buscaria somente as conquistas de curto prazo, dentro do capitalismo.

Independentemente de suas frustrações com o trotskismo, Bookchin manteve-se um socialista revolucionário. A questão, naquele momento, colocava-se em grande medida em torno do sujeito revolucionário. Se não era mais o proletariado que faria a revolução, então quem seria? Esta reflexão acerca da classe que seria responsável pela transformação social desenvolveu-se a partir de suas pesquisas sobre as questões ecológicas.

[4]Idem. *Anarchism, Marxism and the Future of the Left*. San Francisco: AK Press, 1999, p. 48.
[5]Ibidem.

INTRODUÇÃO

16   Em seu artigo "The Problem of Chemicals in Food", de 1952, quando pesquisava sobre pesticidas e herbicidas utilizados na agricultura para a preservação dos alimentos, Bookchin concluiu que, muito provavelmente, os limites do capitalismo seriam ambientais e ecológicos.

A partir desta conclusão, nota-se uma mudança radical em toda sua concepção de classe, que vinha se modificando com o abandono progressivo do economicismo marxista e que se transformaria, no futuro, em uma postura "antieconômica". Já que os problemas ecológicos afetariam a todos, qualquer que fosse a classe, Bookchin acreditava que os sujeitos revolucionários que deveriam combater o capitalismo não estariam mais no proletariado, mas na comunidade como um todo. Ou seja, a oposição ao capitalismo, a partir desta premissa, deveria ser realizada por todos, independentemente dos interesses de classe. Posição que seria sustentada até o fim de sua vida: seriam "as pessoas", "os cidadãos", e não "os operários", "o proletariado", os sujeitos capazes de promover a revolução.

Até aquele momento, Bookchin considerava-se marxista; sua base de pensamento ecológico havia sido construída sobre referências da pólis ateniense, hegelianas e também marxistas. Escritos de Marx e Engels (*Anti-Duhring, A questão da habitação* etc.) que sustentam a necessidade de reconciliação entre cidade e campo foram, naquele momento, suas principais influências. Com base nestas referências, Bookchin passou a defender a necessidade de uma revolução anticapitalista em favor da sociedade ecológica, que deveria trazer uma distribuição equitativa da população no país e também uma descentralização das cidades. A descentralização ganharia, dessa maneira, espaço privilegiado:

Algum tipo de descentralização será necessário para alcançar um equilíbrio duradouro entre a sociedade e a natureza. A descentralização urbana constitui a base de qualquer esperança de se chegar ao controle das pestes na agricultura. Somente uma comunidade bem integrada com os recursos das regiões vizinhas pode promover a diversidade biológica e agrícola. [...] Uma comunidade descentralizada sustenta a grande promessa de conservar os recursos naturais, particularmente na medida em que promovesse a utilização de fontes locais de energia [e utilizasse] a força do vento, a energia solar e a força hidrelétrica.[6]

Ainda que tenha origem no marxismo, esta defesa da descentralização foi fazendo com que Bookchin visse que o marxismo, na realidade, não era a melhor ideologia para sustentar este ponto de vista. Ao fim dos anos 1950, Bookchin frequentou reuniões da Libertarian League, em Nova York, onde aprendeu sobre o anarquismo. Mais tarde, ele afirmaria que o que o levou do marxismo ao anarquismo não foi a leitura profunda dos clássicos como Proudhon, Bakunin e Kropotkin, mas a própria crítica de Marx e Engels ao anarquismo, suas leituras sobre a pólis ateniense, o livro de George Woodcock sobre a história do anarquismo[7], suas afinidades com a biologia e a tecnologia.[8]

As proposições anarquistas de uma sociedade sem Estado aproximavam-se muito de sua concepção de descentralização. A sociedade futura anarquista permitiria uma harmonização entre seres humanos e natureza, assim como entre homens e mulheres. Seres humanos e natureza conviveriam de maneira harmônica em uma sociedade descentralizada que resolveria seus problemas de poluição e transporte, criando verdadeiras comunidades. A tecnologia dos meios de comunicação serviria para facilitar as relações comunitárias e a democracia direta permitiria decisões coletivas, com todos os membros da comunidade participando das assembleias.

Desta maneira, para Bookchin, anarquismo e ecologia social aproximam-se muito ao serem tratados como premissas de um projeto político de transformação social, baseado na descentralização e na diversidade.

[6]Idem. *Our Synthetic Environment*. Nova York: Harper & Row, 1974, pp. 242–243.

[7]George Woodcock. *História das ideias e movimentos anarquistas*, 2 vols. Porto Alegre: LP&M, 2002.

[8]Murray Bookchin. "Deep Ecology, Anarchosyndicalism, and the Future of Anarchist Thought". In: Bookchin, Graham Purchase, Brian Morris, and Rodney Aitchtey. *Deep Ecology and Anarchism*. Londres: Freedom Press, 1993, pp. 53–54.

INTRODUÇÃO

18 | Sugiro que uma comunidade anarquista aproximar-se-ia de um ecossistema claramente definível; ela seria diversificada, equilibrada e harmoniosa. É discutível se tal ecossistema configurar-se-ia como uma entidade urbana com um centro distinto, como na pólis grega e na comuna medieval, ou se, como propõe Gutkind, a sociedade consistiria em comunidades amplamente dispersas sem um centro distinto. Em todo caso, a escala ecológica para qualquer uma destas comunidades seria determinada pelo menor ecossistema capaz de suportar uma população de tamanho moderado. [...] Se a comunidade ecológica for realizada na prática, a vida social produzirá um sensível desenvolvimento da diversidade humana e natural rumo a um todo equilibrado e harmonioso. Partindo da comunidade, passando por regiões e chegando até continentes inteiros, veremos uma diferenciação clara entre grupos humanos e ecossistemas, cada um desenvolvendo suas exclusivas potencialidades e expondo membros da comunidade a um amplo espectro de estímulos econômicos, culturais e comportamentais.[9]

A afinidade entre anarquismo e ecologia social foi claramente estabelecida, sendo a sociedade futura libertária uma pré-condição para a prática plena da ecologia social. A própria defesa de uma ecologia social que caminhasse junto ao anarquismo (ainda que sob nova roupagem) foi fundamental para o fortalecimento da ideologia anarquista nos EUA dos anos 1960. Esta relação entre ecologia e anarquismo é a maior contribuição de Bookchin ao anarquismo, pois, qualquer projeto de luta ou de sociedade futura que se conceba deve levar em conta não só as premissas de abolição das relações de exploração e dominação entre os humanos, mas também uma perspectiva de harmonia entre indivíduos e meio-ambiente, o que constitui a base da ecologia social. Com o rompimento público com o marxismo, que se daria no artigo de 1969 "Listen Marxist!", Bookchin deu corpo ao que ficou conhecido como "eco-anarquismo".

Ainda que a ecologia tenha sido utilizada para substituir a perspectiva de classe — o que me parece um grande equívoco,

---

[9]Idem. "Ecology and Revolutionary Thought". In: *Post-Scarcity Anarchism*. San Francisco: AK Press, 2004, pp. 38–39.

tanto para uma análise do capitalismo, como para uma proposta de transformação social —, ela possui significativa importância, já que foi concebida dentro de um projeto ideológico mais amplo de transformação social.[10]

PÓS-ESCASSEZ, ESPONTANEIDADE E ORGANIZAÇÃO

A proposta de ecologia social de Bookchin traz em seu bojo uma severa crítica à hierarquia e à dominação. Para ele, as hierarquias originaram-se durante o projeto humano de dominar a natureza e continuaram a desenvolver-se depois, quando se iniciou a dominação humana. Portanto, as hierarquias sociais teriam mais importância do que as classes sociais, entendidas de maneira estritamente econômica, já que as hierarquias são anteriores ao capitalismo e extrapolam o âmbito econômico. Ao propor a hierarquia como principal elemento a ser combatido na sociedade capitalista, Bookchin assemelha-se a diversos outros anarquistas que, mesmo enxergando a dominação de classe (exploração econômica) como fundamental, não a consideram a única, e nem acreditam que a solução do problema econômico resultaria no fim das dominações nos âmbitos político e social, no esquema marxista de infra e superestrutura. A conclusão necessária, neste sentido, é que a luta anarquista deveria se dar contra a dominação de maneira mais ampla e não só contra a exploração de classe.

A partir destas reflexões, a sociedade hierárquica foi tratada por Bookchin em seu artigo "Desire and Need", de 1967, depois, com um pouco mais de profundidade, em "Listen Marxist!", e finalmente, de maneira bastante detalhada, no livro *The Ecology of Freedom*, de 1982[11], que se tornou um clássico sobre a ecologia social. Ao mostrar as raízes da sociedade hierárquica,

[10]Sobre ecologia social em português ver: Murray Bookchin. *Sociobiologia ou ecologia social?* Rio de Janeiro: Achiamé, s. d.

[11]Em português, ver um trecho deste livro publicado como artigo: Murray Bookchin. "Por que ecologia social". In: *Textos dispersos*. Lisboa, Socius, 1998, pp. 101–111.

Bookchin também baseou sua proposta de transformação social em outras ideias.

Uma delas foi a da "pós-escassez"[12], defendida no artigo "Post-Scarcity Anarchism" de 1968, que se fundamentava no fato de que os anos 1950 haviam trazido uma série de inovações tecnológicas, especialmente na área de automação, e elas deveriam trazer novas possibilidades para o projeto revolucionário.

Esta revolução tecnológica, culminando na informatização, criou os fundamentos quantitativos e os objetivos para um mundo sem classes, exploração, exaustão pelo trabalho ou carência material. Os meios agora existem para o desenvolvimento do homem acabado, do homem completo, libertado da culpa e das operações de modos autoritários de instrução, e entregue ao desejo e à sensível apreensão do maravilhoso.[13]

Para Bookchin, o fato é que a tecnologia, no capitalismo, estaria dominada pelos capitalistas e sendo utilizada em seu favor, para estimular a hierarquia e a dominação. No entanto, se essa tecnologia e suas inovações passassem a ser utilizadas de maneira libertária — não mais em favor dos capitalistas, mas daqueles que fazem parte dos níveis mais baixos na escala das hierarquias sociais — elas proporcionariam a eliminação de parte do duro trabalho realizado, dando condições aos trabalhadores de transformarem radicalmente a sociedade, ao dedicar-se às atividades que estimulam sua criatividade e o desenvolvimento de suas potencialidades.

Para Bookchin, a tecnologia é uma ferramenta que auxilia o desenvolvimento humano, se for utilizada de maneira libertadora; e mais: ela é imprescindível para o desenvolvimento de uma nova sociedade. Também fundamentais e de muita relevância para o anarquismo, estas posições de Bookchin sobre a tecnologia aprofundam significativamente raciocínios

---

[12] Em inglês, "post-scarcity". Bookchin utilizou este termo como um adjetivo ao anarquismo, cunhando a expressão "post-scarcity anarchism", nome de um artigo de 1968 e do livro com este e outros artigos citados anteriormente.

[13] Murray Bookchin. "Post-Scarcity Anarchism". In: *Post-Scarcity Anarchism*, p. 2.

FELIPE CORRÊA

que já podem ser notados em Bakunin e que tiveram algum | 21 desenvolvimento em Kropotkin.

Acreditava Bookchin que a escassez material havia sido um fator mais do que determinante para os fracassos das experiências revolucionárias passadas. Ao contrário daqueles momentos do passado, quando a escassez havia impossibilitado as revoluções, pensava ele que, pela primeira vez na história, a tecnologia dava todas as condições para que uma revolução de abundância para todos ocorresse (pressuposto de uma sociedade comunista). Como sustentou em "Towards a Liberatory Technology", de 1965, com a tecnologia sendo utilizada racionalmente, não em favor do aumento das taxas de lucro, mas da cooperação, seria possível ter forças materiais para a criação de uma sociedade ecológica.

Em uma revolução futura, o dever mais urgente da tecnologia será produzir bens em fartura, com o mínimo de esforço. O propósito imediato deste dever será abrir a arena social permanentemente para o povo revolucionário, *para manter a revolução em continuidade.* [...] A partir do momento em que o trabalho árduo é reduzido ao mínimo possível ou desaparece completamente, os problemas de sobrevivência tornam-se os problemas da vida, e a própria tecnologia passa de algo a serviço das necessidades imediatas do homem, a ser a parceira de sua criatividade. [...] Os homens futuramente libertados escolherão dentre uma grande variedade de tipos de trabalho combináveis ou mutualmente exclusivos, todos os quais estarão baseados em imprevisíveis inovações tecnológicas.[14]

Outra ideia na qual se sustentou a proposta de transformação social de Bookchin é a espontaneidade. Ponto de convergência entre anarquismo e ecologia, a espontaneidade, para ele, possibilitaria liberar as forças dos desenvolvimentos para que estes encontrassem uma ordem e uma estabilidade, ou seja, um equilíbrio. A interpretação histórica que Bookchin realiza de diversas experiências revolucionárias — como em 1793 na

[14]Idem. "Towards a Liberatory Tecnology". In: *Post-Scarcity Anarchism*, pp. 77–79. Sobre tecnologia, em português, ver: Murray Bookchin. "Autogestão e tecnologias alternativas". In: *Autogestão hoje: teorias e práticas contemporâneas.* São Paulo, Faísca, 2004, pp. 61–84.

INTRODUÇÃO

França, em 1905 na Rússia e em 1936 na Espanha — apontam para um forte teor espontâneo nos estágios iniciais. Para ele, a espontaneidade seria parte da tomada de consciência, da desalienação e da mobilização necessárias a qualquer processo revolucionário. Portanto, ela não significaria os simples impulsos, sentimentos ou comportamentos indefinidos, mas, ao contrário,

[...] um comportamento, sentimentos e *pensamentos* livres de constrangimentos *externos*, de restrições *impostas*. É um comportamento, sentimentos e pensamentos autodirigidos, dirigidos do interior, e não um transbordar incontrolado de paixão e de ação. Do ponto de vista do comunismo libertário, a espontaneidade consiste na capacidade de o indivíduo impor-se uma autodisciplina e de formular, de forma correta, os princípios que guiam a sua ação na sociedade.[15]

Esta espontaneidade, necessária em um movimento social consistente que queira chegar a uma revolução, estaria alinhada com a ecologia social, sustentada a partir de uma visão daquele equilíbrio proposto. Segundo ele, a espontaneidade da vida social convergiria com a espontaneidade da natureza, oferecendo bases para uma sociedade ecológica.

Apesar de sua defesa da espontaneidade, Bookchin, já na época que tratou desta concepção no artigo "Espontaneidade e organização", em 1972, não acreditava em uma oposição entre ela e a organização. Neste artigo, sustentava que a espontaneidade, ao contrário do que muitos entendem, não significa a renúncia à organização ou mesmo à estrutura, mas a defesa de organizações autogeridas, não hierárquicas e voluntárias.

Baseado nestas posições sobre organização, Bookchin sustentava que os anarquistas deveriam organizar-se em grupos de afinidade, estruturas inspiradas na organização de anarquistas que, na Federación Anarquista Ibérica (FAI), agrupavam os elementos militantes "mais idealistas" da Confederación Nacional del Trabajo (CNT) que lutavam pela Revolução Espanhola de

---

[15]Idem. "Espontaneidade e organização". In: *Municipalismo libertário*. São Paulo: Imaginário, 1999, pp. 60-61.

FELIPE CORRÊA

1936. Bookchin estudou esta revolução escrevendo, entre outras obras, o livro *Spanish Anarchists*, de 1977. Suas concepções sobre os grupos de afinidade podem ser conhecidas no artigo "Espontaneidade e organização", mas seu texto mais conhecido em português é "Grupos de afinidade"[16], tendo sido ambos escritos nos fins dos anos 1960 e início dos anos 1970.

No final da década de 1970, Bookchin daria cada vez mais importância à organização, acreditando que a revolução necessitaria mais de trabalho consciente do que simplesmente da espontaneidade das massas e, neste sentido, as discussões sobre os grupos de afinidade ganham relevância.

Funcionando como agentes catalizadores, alimentados por ideias e práticas revolucionárias comuns, os grupos de afinidade estimulam outros setores sociais a tornarem-se revolucionários. Colocam-se em oposição às organizações autoritárias, com caráter de vanguarda, que sustentam uma direção do processo revolucionário, visando realizar, elas mesmas, a revolução, e não estimulá-la em setores mais amplos da sociedade; uma forma de "substituísmo", que se viu nos processos do "socialismo real", em que o partido substituiu a classe. Os grupos de afinidade, diversamente, teriam por objetivo influenciar outros setores, para que estes realizassem a revolução.

Estes grupos [de afinidade] têm, na vida social, um papel de catalizadores e não de elites; esforçam-se por fazer progredir a consciência e as lutas da comunidade onde funcionam e não por se apoderarem dos lugares de chefia. [...] O desenvolvimento de um movimento revolucionário implica a disseminação [...] de tais grupos de afinidade, de comunidades e de coletivos, nas cidades, no campo, nas escolas e universidades, nas fábricas. Estes grupos constituiriam células integradas e descentralizadas, não deixando fora do seu campo de atuação qualquer aspecto da vida e da experiência.[17]

[16]Publicado em português em George Woodcock. *Grandes escritos anarquistas*. Porto Alegre: LP&M, 1998, pp. 162–164. Este artigo é uma nota final do artigo de 1969 "Listen Marxist!". In: *Post-Scarcity Anarchism*, pp. 107–145.
[17]Murray Bookchin. "Espontaneidade e organização". In: *Municipalismo libertário*, pp. 69–70.

Para Bookchin, os grupos de afinidade poderiam unir-se, estabelecendo organizações federativas horizontais, preservando sempre a autonomia de cada um deles. Deveriam ter uma estrutura que lhes permitisse, num dado momento, dissolver-se nas estruturas e instituições revolucionárias populares. Estas posições sobre os grupos de afinidade possuem alguma relação com as concepções de organização política revolucionária do anarquismo clássico que fundamentaram a ADS de Bakunin, e as bases da discussão sobre o "partido anarquista" de Malatesta.

DEMOCRACIA E MUNICIPALISMO LIBERTÁRIO

A relação de Bookchin com a democracia vem da década de 1950, quando introduziu na esquerda americana o tema da democracia direta inspirada na Grécia Antiga, algo que refletia sua frustração com as experiências revolucionárias autoritárias, mas também sua crescente fascinação pelas instituições revolucionárias criadas ao longo da história tais como conselhos (sovietes) e assembleias. Para uma revolução não ser vítima de seu próprio autoritarismo e poder atingir uma sociedade livre e ecológica, Bookchin sustentava que ela deveria desenvolver em seu seio instituições revolucionárias e democráticas.

Sua concepção de democracia não tem a ver com a de democracia representativa, de eleitores que transferem seu poder de fazer política a políticos profissionais, que fazem a política no lugar do povo, na instituição do Estado. Ao contrário, a democracia defendida por ele é a democracia direta, inspirada na pólis ateniense.

Por mais que criticasse as posições dos gregos em torno da questão da mulher e de sua relação com a escravidão e a sociedade de classes, Bookchin admirava a concepção grega de democracia direta, tendo sido influenciado de maneira significativa pelos vários escritos sobre o tema. Já em 1964, em "Ecology and Revolutionary Thought", abordava o assunto e colocava a democracia direta como um importante princípio do

FELIPE CORRÊA

anarquismo. Em 1968, aprofundou as discussões em "Forms of Freedom". Neste artigo, trata da experiência democrática grega, colocando-a na dupla perspectiva de modelo para a luta revolucionária presente, e também como paradigma da sociedade futura. Para Bookchin, na Grécia antiga

a tendência para a democracia popular continuou a desdobrar-se por aproximadamente um século e meio, até que ela atingiu uma forma que nunca foi completamente igualada em outros lugares. Nos tempos de Péricles, os atenienses tinham aperfeiçoado sua pólis até um ponto em que ela representava um triunfo da racionalidade dentro das limitações materiais do mundo antigo. Estruturalmente, a base da pólis ateniense era a ecclesia. [...] A ecclesia possuía completa soberania sobre todas as instituições e cargos na sociedade ateniense. Ela decidia questões de guerra e paz, elegia e demitia generais, inspecionava campanhas militares, debatia e votava políticas internas e externas, resolvia as injustiças, examinava e passava por operações dos quadros administrativos e bania cidadãos indesejáveis. Aproximadamente um em cada seis homens do conjunto de cidadãos estava ocupado, em algum momento, com a administração dos assuntos da comunidade. Uns 1500 homens, escolhidos principalmente por sorteio, ocupavam as posições responsáveis por cobrança de impostos, gestão das frotas, estoque de comida, recursos públicos e preparação dos projetos de construção pública. O exército, composto inteiramente por recrutas de cada uma das dez tribos áticas, era comandado por oficiais eleitos; Atenas era policiada por arqueiros citas e escravos do estado da Cítia. [...] Tomado como um todo, este era um notável sistema de autogestão social; levado a cabo quase que inteiramente por amadores, a pólis ateniense reduziu a formulação e a administração das políticas públicas a uma questão completamente pública.[18]

Nesta defesa que realiza da democracia ateniense, deve-se ter em mente que ele conhecia plenamente as desigualdades da Grécia e que, se por um lado seu modelo democrático era tido como exemplar, as desigualdades não eram, e deveriam ser eliminadas em qualquer movimento de luta ou em uma futura sociedade, a partir de perspectivas que apontassem para o fim

[18]Idem. "The Forms of Freedom". In: *Post Scarcity Anarchism*, pp. 96–97.

INTRODUÇÃO

26 | da sociedade de classes e para a igualdade de gênero. Para ele, a maior realização da democracia ateniense era haver desenvolvido em seu seio uma autêntica "democracia autogestionária" — um sistema de tomadas de decisão horizontal, com ampla participação, nos mais diversos assuntos públicos. Ao reivindicar a democracia direta, Bookchin também se coloca em sintonia com a maioria dos anarquistas que, durante a história, em sua proposta de federalismo, consideraram sempre, além de uma articulação política das organizações de base, um sistema de autogestão que proporcionaria esta esfera completamente democrática de tomada de decisão sem hierarquia ou imposições das decisões da cúpula para a base; decisões e articulações que seriam feitas "de baixo para cima", como dizia Bakunin. O diferencial positivo dos escritos de Bookchin foram a busca desta relação entre o federalismo clássico do anarquismo e a pólis ateniense, aprofundada proveitosamente.

No início dos anos 1970, Bookchin envolveu-se com os East Side Anarchists de Nova York e com a revista *Anarchos*. Neste período, a esquerda radical americana pensava que seria necessário constituir instituições revolucionárias que não fossem efêmeras, e que pudessem dar sustentação à luta revolucionária que se julgava necessária naquele momento. Em 1972, no artigo "Spring Offensives and Summer Vacations"[19], Bookchin critica as manifestações de rua — que aconteciam naquele momento organizadas pelo "movimento contra a guerra" —, por julgá-las espetáculos efêmeros, que não conseguiam sustentar-se e permanecer no tempo. Nos momentos de manifestação havia certa mobilização, mas assim que passavam, não havia trabalho posterior de continuidade e de sustentação da luta. A efeméride condizia com uma espécie de "gosto pela adrenalina", de pessoas que só se mobilizavam em torno de manifestações de rua, confrontos, ações radicalizadas, mas que não estavam dispostas a realizar um trabalho regular e permanente, algo muito semelhante à escola política derivada do Maio de 68, que se generalizou e teve seu ápice no movimento de resistência

---

[19]Apesar de não ser assinado, o artigo é de Bookchin.

global dos fins dos anos 1990 e início dos 2000 com a Ação Global dos Povos.

No lugar das manifestações efêmeras, Bookchin propôs ao movimento que se tornasse mais sólido e contínuo, forjando vínculos permanentes com a comunidade e diversos outros campos da vida social, conformando-se em um tipo de organização popular que federasse diversas iniciativas. Estas posições já vinham sendo defendidas por ele havia alguns anos e sustentavam a criação de grupos, assembleias populares e comitês dentro de comunidades, universidades, escolas, locais de trabalho, entre outros, que fortalecessem as mobilizações populares. A autonomia e a democracia direta seriam princípios de luta, e uma nova sociedade, o objetivo de longo prazo. Estes, Bookchin colocava, eram os princípios e o objetivo que haviam norteado as "comunas" em Paris de 1793–1794 e de 1871, com suas propostas de confederar municipalidades para substituição do Estado centralizado.

Em "Spring Offensives..." é possível identificar, nas propostas construtivas que coloca aos anarquistas para a criação de um movimento revolucionário, as primeiras teses que futuramente dariam corpo ao "municipalismo libertário". O artigo reivindicava

a formação de coalizões locais de grupos não partidários — o melhor das comunas rurais e urbanas, grupos independentes de estudantes, profissionais radicais, classe trabalhadora, grupos de mulheres [...] e grupos independentes antiguerra — para agir conjuntamente escolhendo e apresentando candidatos para os conselhos nas municipalidades deste país.[20]

A proposta de apresentar candidatos para as eleições municipais vinha ao lado de outras. Os grupos locais não partidários não deveriam ser hierárquicos e teriam de estar enraizados nas comunidades locais, agindo da maneira mais democrática e antiburocrática possível. A proposta era reestruturar as instituições municipais, a partir de linhas democráticas, constituindo

---

[20]Anarchos. "Spring Offensives and Summer Vacations", 1972.

INTRODUÇÃO

28 | assembleias populares baseadas na democracia direta, substituindo a polícia por uma "guarda popular" comunitária e opondo as cidades ao Estado. Em suma,

os programas anarquistas deveriam reivindicar uma democratização do governo das cidades, abolindo os conselhos municipais e substituindo-os por assembleias populares. Assim, eles usariam o poder da municipalidade — o nível do Estado mais próximo do povo — para criar instituições populares e potencialmente antiestatistas não mediadas por representantes.[21]

"Spring Offensives..." encontrou muitas objeções no meio libertário, objeções estas que poderíamos classificar em dois tipos. Um primeiro, individualista, que, muito mais do que combater a questão da participação nas eleições, trazia a tona "velhos" debates entre as correntes individualista e comunista/coletivista do anarquismo. Esta objeção sustentava principalmente o caráter individualista do anarquismo, criticando qualquer tipo de votação, pois em caso de não haver consenso, diziam os defensores desta posição, haveria uma opressão da minoria pela maioria. Esta posição, retratada por Peter Marshall, por exemplo, sustentava o argumento dos individualistas de que nem mesmo uma minoria de uma pessoa poderia ser oprimida pelo processo de votação para decisões e, portanto, ele não era eticamente justificável.

O segundo tipo de objeção, colocado desde uma perspectiva socialista, que encontrou eco inclusive entre os próprios membros da *Anarchos*, criticava a participação dos anarquistas nas eleições e não compartilhava da compreensão de que haveria uma diferença entre os níveis de governo municipal e estadual/federal. Portanto, ocupar cargos municipais significava, para esses críticos, o mesmo que o anarquismo adotar uma estratégia eleitoral, o que divergiria diametralmente das principais estratégias anarquistas adotadas historicamente. Apesar das discussões sobre a participação em eleições que houve no anarquismo, sua estratégia central nunca foi a transformação da sociedade por meio das instituições do Estado, ainda que

[21]Ibidem.

FELIPE CORRÊA

pelos níveis mais próximos da população — a municipalidade | 29
neste caso. A proposta destes últimos críticos era que a transformação social deveria se dar a partir de movimentos sociais que fossem criados de baixo para cima e fora das instituições do Estado.

Apesar de as linhas gerais do municipalismo libertário terem sido rascunhadas em "Spring Offensives...", Bookchin não escreveu muito mais sobre o tema nos próximos anos da década de 1970, retornando a ele somente no início dos anos 1980. Seus maiores trabalhos sobre o municipalismo libertário são *The Rise of Urbanization and Decline of Citizenship*, de 1987, publicado novamente em 1992 com o título de *Urbanization Against Cities*, e *From Urbanization to Cities*, de 1995.[22]

A ideia de Bookchin sobre o municipalismo libertário baseia-se, primeiramente, na concepção de que o principal espaço para trabalho dos anarquistas seria a comunidade. Segundo seu ponto de vista, os anarquistas teriam tratado deste tema em diversos de seus escritos: Proudhon ao abordar o federalismo em seu *Princípio federativo*, de 1863, Bakunin e Kropotkin ao abordarem a comuna, o primeiro em seu *Catecismo revolucionário*, de 1866, e o segundo em *Anarquismo e a ciência moderna*, de 1913.

No entanto, é relevante notar que as influências nas quais Bookchin diz basear-se tratam da comunidade muito mais como proposta de sociedade futura do que como meio de luta.

Bookchin reivindicava uma prioridade na organização comunitária, como alternativa à organização pelo local de trabalho, que tomou forma em diversos momentos no sindicalismo. Suas posições — que visavam fugir do economicismo, e que neste momento já eram propriamente antieconômicas —, que, como vimos, tiraram o foco da sociedade de classes e da estratégia classista de luta, dando prioridade às dominações como

[22]Há um excerto deste livro publicado em português com o nome de "Municipalismo libertário" em Murray Bookchin, Paul Boino e Marianne Enckel. *O bairro, a comuna, a cidade... espaços libertários*. São Paulo: Imaginário, 2003, pp. 11–38. Ver também os artigos no livro citado *Municipalismo libertário*, de 1999.

um todo, sem foco na exploração econômica, continuariam em sua avaliação do sindicalismo.

Contestando a participação dos anarquistas nos sindicatos, em 1992, no artigo "The Ghost of Anarcho-Syndicalism", Bookchin nos dá uma ideia de sua rejeição do sindicalismo como meio de luta e de sua preferência pela organização no nível comunitário. Segundo ele, o anarcossindicalismo

representa, ao meu ver, uma ideologia arcaica radicada em uma noção estritamente economicista de interesse burguês, na realidade, de um interesse setorial. Ele conta com a persistência de forças sociais como o sistema fabril e a tradicional consciência de classe do proletariado industrial que estão se enfraquecendo radicalmente no mundo euro-americano numa era de relações sociais indefiníveis e de crescentes preocupações sociais. Questões e movimentos mais amplos estão agora no horizonte da sociedade moderna que, ainda que envolvam trabalhadores, exigem uma perspectiva mais ampla do que a fábrica, o sindicato e a orientação proletária.[23]

Assim, negando os sindicatos como meio de luta e afirmando a comunidade como principal espaço de atuação, Bookchin desenvolveria o municipalismo libertário: uma estratégia de transformação social que poderia ser resumida da seguinte forma:

1. A formação de grupos comunitários democráticos e não hierárquicos, cuja principal ação seria a indicação de candidatos para eleições municipais, baseando-se em plataformas que reivindicassem a democracia direta e as assembleias populares.

2. A eleição de um número suficiente de candidatos libertários para posições estratégicas nos municípios.

3. A transformação das cidades, por este grupo de libertários eleitos, em assembleias populares democráticas, colocando-as em oposição ao Estado. Esta transformação devolveria às assembleias o poder usurpado pela política estatista representativa.

[23]Murray Bookchin. "The Ghost of Anarcho-Syndicalism", 1992.

4. As assembleias populares assumiriam o controle municipal e municipalizariam a economia (propriedade, produção e distribuição) e a política.

5. A transformação das cidades em federações (confederações) destas assembleias populares.

6. A transferência permanente do poder do Estado para as assembleias, trazendo o poder de volta às pessoas. A própria revolução, a partir desta concepção, ganha um tom de poder popular — que esvazia as instituições autoritárias e dá corpo às instituições democráticas e populares, que são base da sociedade futura. Processo este que ocorreria sem necessariamente haver uma ruptura violenta.

Para Bookchin, esta ênfase no municipalismo deu-se por uma crença de que o município é diferente dos níveis estaduais ou federais, por ser a esfera estatal mais próxima da população com espaços e possibilidades de desenvolvimento de uma política libertária. E mais do que isso: o municipalismo seria a única estratégia possível a ser adotada pelos libertários para a destruição do Estado, já que o município

constitui a base para relações sociais diretas, democracia frontal e a intervenção pessoal do indivíduo, para que as freguesias, comunidades e cooperativas convirjam na formação de uma nova esfera pública. [...] A partir do momento em que os municípios se federem para formar uma nova rede social; que interpretem o controle local com o significado de assembleias populares livres; que a autoconfiança signifique a coletivização dos recursos; e que, finalmente, a coordenação administrativa dos seus interesses comuns seja feita por delegados — não por "representantes" — que são livremente escolhidos e mandatados pelas suas assembleias, sujeitos a rotação, revogáveis, e as suas atividades severamente limitadas à administração das políticas sempre decididas nas assembleias populares — a partir deste momento os municípios deixam de ser instituições políticas ou estatais em qualquer sentido do termo. A confederação destes municípios — uma comuna das comunas — é o único movimento social anarquista de ampla base que pode ser vislumbrado hoje,

32 | aquele que poderá lançar um movimento verdadeiramente popular que produzirá a abolição do Estado. É o único movimento que pode responder às crescentes exigências de todos os setores dominados da sociedade para dar poder e propor pragmaticamente a reconstrução de uma sociedade comunista libertária nos termos viscerais da nossa problemática social atual — a recuperação de uma personalidade poderosa, de uma esfera pública autêntica e de um conceito ativo e participatório de cidadania.[24]

A defesa do municipalismo — como "um poder popular dual, antagônico ao poder estatal que ameaça os resíduos de liberdade" e que deveria reconstituir "de forma anárquica, aqueles valores libertários e aqueles elementos utópicos que são o patrimônio mais vital da Revolução Americana"[25] — marcaria definitivamente sua crença exclusiva na mobilização em nível comunitário, e não por local de trabalho. Aquilo que chamou de "comuna das comunas" — uma proposta de federação em nível comunitário —, segundo acreditava, estava presente em um "comunitarismo anarquista" dos clássicos (Proudhon, Bakunin e Kropotkin) e poderia mesmo constituir, como colocou nos anos 1980, uma tendência "comunalista" do anarquismo, que teria sido negligenciada se comparada ao anarcossindicalismo e ao anarcoindividualismo. Para Bookchin, este comunalismo clássico sempre teve foco municipalista. Coloca ele que

muito antes de o sindicalismo ter surgido na tradição anarquista, havia uma tradição comunalista que existe desde Proudhon e que aparece em Kropotkin e eu não sei por que ela vem sendo completamente negada.[26]

Esta leitura de Bookchin pode ser questionada em três pontos fundamentais. Primeiro: porque seu modelo baseia-se mais em uma posição de fim (das comunas em uma sociedade futura) do que de meio (das comunas como luta pela transforma-

[24]Idem. "Para um novo municipalismo". In: *Municipalismo libertário*, pp. 33–34.
[25]Idem. *O anarquismo frente aos novos tempos*. São Paulo: Index, 2000, p. 40.
[26]Idem. "Democratizing the Republic and Radicalizing the Democracy". In: *Kick it Over* 1985-1986, p. 9.

ção), ou seja, traz as reflexões dos anarquistas sobre a sociedade futura para um meio de luta, o que me parece significativamente distinto. Segundo: Proudhon e Bakunin sempre defenderam a economia como um aspecto central da sociedade e conceberam suas estratégias de transformação baseadas fundamentalmente nas lutas econômicas. Bakunin e Kropotkin (depois de seu período de defesa da "propaganda pelo fato") defenderam posições análogas ao sindicalismo revolucionário, e podem ser considerados muito mais sindicalistas do que "comunalistas". Terceiro: o anarquismo sempre considerou o espaço de mobilização uma questão de estratégia e não de princípio e, portanto, se os sindicatos foram os terrenos priorizados pelo sindicalismo revolucionário, isso se deu porque era nestas associações que se evidenciava de maneira mais evidente a luta de classes.

Portanto, o anarquismo não é necessariamente sindicalista ou comunalista, mas uma ideologia que busca os melhores campos para mobilizar. Parece-me que querer cristalizar uma estratégia única significa desconsiderar a conjuntura, o que é fatal para qualquer ideologia.

Durante a elaboração e a difusão das teses do municipalismo libertário, Bookchin engajou-se em uma campanha, tentando convencer os anarquistas desta sua estratégia. Participou de uma grande conferência em Venice, em 1984, escreveu diversos artigos sobre o municipalismo e o livro *The Rise of Urbanization and the Decline of Citzenship*. De 1983 ao início dos anos 1990, Bookchin produziu significativo material sobre o tema e formou um grupo municipalista em Burlington, Vermont.

As mesmas críticas que se opuseram a "Spring Offensives..." vieram de novo à tona. Para além das críticas individualistas, o campo do "anarquismo social" argumentava, novamente, que os anarquistas não deveriam participar das eleições e, ainda que fosse no âmbito municipal, candidatar-se e ocupar cargos no Estado significaria utilizar a democracia representativa como meio, o que estaria em contradição com os princípios do anarquismo de promover a transformação por fora do Estado. As críticas colocaram Bookchin novamente dentro de um grande debate e, para defender sua tese do municipalismo

INTRODUÇÃO

34 libertário, ele tentou argumentar que a política não significaria política parlamentar, que Bakunin defendia a política municipal, que haveria uma tensão entre a municipalidade e o Estado, entre outros argumentos. Ainda assim, os anarquistas foram irredutíveis.

Já em 1992 Bookchin demonstrava certo cansaço pelo que ele considerava ser um purismo anarquista. Sua maior frustração era com o argumento individualista de que os anarquistas seriam contra o princípio democrático de voto para qualquer decisão, pois a minoria não poderia ser oprimida pela maioria. Como saída para este dilema, muitos anarquistas americanos sustentavam o consenso, que seria uma forma de se opor a esta "opressão" da minoria pela maioria. Bookchin não concordava com o consenso, e foi por este motivo que o criticou em alguns artigos, como foi o caso em *Comunalismo*, de 1994.

Para examinar o consenso em termos práticos, minha própria experiência me tem mostrado que quando grupos maiores tentam decidir por consenso, isso normalmente os obriga a chegar ao menor denominador intelectual comum em sua decisão: a decisão menos controversa ou mesmo a mais medíocre que uma assembleia relativamente grande consegue obter é adotada — precisamente porque todo mundo deve concordar com ela, ou então se abster de votar naquele tema. Mas o que é mais preocupante é eu ter descoberto que ela permite um autoritarismo traiçoeiro e manipulações gritantes — mesmo quando usada em nome da autonomia ou liberdade.[27]

Para Bookchin, era necessário aceitar a democracia como um princípio do anarquismo e, neste caso, os votos para tomada de decisão seriam mais adequados que o consenso. O comunalismo, para ele, resumiria esta dimensão democrática do anarquismo.

---

[27]Idem. *Comunalismo: a dimensão democrática do anarquismo*. São Paulo: Index, 2002, p. 15.

SOCIALISMO E INDIVIDUALISMO: AS POLÊMICAS

Compondo este livro, o artigo "A esquerda que se foi: uma reflexão pessoal", de 1991, coloca propostas para uma esquerda que, segundo Bookchin, estaria em processo de degeneração. Neste texto, ele afirma o internacionalismo e os aspectos federalistas da esquerda, que necessariamente acompanhariam seu compromisso com a democracia e com os objetivos revolucionários. Fazendo uma análise da Primeira Guerra, do bolchevismo e do período da Guerra Fria, ele reivindica o fortalecimento da esquerda a partir de seus valores clássicos, com objetivos de transformação revolucionária, defendendo que a suposta esquerda, além de ter abandonado seus princípios básicos e tradicionais, não possuía mais um horizonte de transformação. Sua preocupação com a esquerda de maneira geral coloca-se dentro de uma visão mais ampla, já que o anarquismo, para Bookchin, é parte da esquerda. Neste sentido, para ele, o restabelecimento de uma esquerda forte, com seus valores clássicos, poderia proporcionar um espaço social-popular de mobilização, mais amplo que o anarquismo, que daria força às lutas contra o capitalismo.

Nesta perspectiva, tal degeneração da esquerda teria influência direta sobre o anarquismo. Se por um lado alguns setores da esquerda estariam marcados pelo nacionalismo, pelas organizações hierárquicas sem qualquer compromisso democrático e fundamentadas no reformismo, o anarquismo estaria sofrendo com as investidas do individualismo. No campo anarquista, enquanto Bookchin defendia o comunalismo como "dimensão *democrática* do pensamento libertário e uma *forma* libertária de sociedade"[28], tentando retomá-lo como parte desta "esquerda que se foi", os tempos estavam mudando e, desde a década de 1980, as influências individualistas no anarquismo norte-americano aumentavam exponencialmente, fato que o impressionou e que começou a incomodá-lo seriamente a partir do início dos anos 1990.

[28]Ibidem, p. 24.

INTRODUÇÃO

36 | *Comunalismo*, de 1994, forjaria as bases de sua crítica ao "anarquismo individualista", que passaria a chamar de "anarquismo de estilo de vida". Entre suas afirmações do municipalismo libertário, que deveria dar forma ao comunalismo, ele diferenciava a autonomia, que "se concentra no indivíduo como o componente formativo e ponto de convergência da sociedade"[29], da liberdade, que "denota a ausência de dominação na *sociedade*, da qual o indivíduo é parte".[30] Diferenciava a democracia representativa da democracia direta e fazia uma série de críticas ao individualismo. Dentre elas, destacam-se as posições reafirmadas contra o argumento de que qualquer votação proporcionaria uma situação de opressão da minoria pela maioria, e contra a utilização do consenso como método decisório. Para Bookchin,

na esfera anglo-americana, o anarquismo está sendo despojado de seu ideal *social* por uma ênfase na *autonomia* pessoal, uma ênfase que está sugando sua vitalidade histórica. Um individualismo stirneriano — marcado pela defesa de mudanças no estilo de vida, o cultivo de particularidades comportamentais e até a adoção do misticismo declarado — está se tornando cada vez mais proeminente. Esse "anarquismo de estilo de vida" está continuamente erodindo o núcleo de orientação social dos conceitos anarquistas de *liberdade*. [...] Infelizmente, estamos testemunhando o assustador dessecamento de uma grande tradição, de forma que neossituacionistas, niilistas, primitivistas, antirracionalistas, anticivilizacionistas, e "caóticos" assumidos estão se encarcerando em seus egos, reduzindo tudo o que se pareça com atividade política pública a uma excentricidade juvenil.[31]

Este artigo abria as portas para o que seria "Anarquismo social ou anarquismo de estilo de vida: um abismo intransponível", de 1995. Esse texto, que encabeça o livro que o leitor agora tem em mãos, aprofunda os pontos de vista apresentados em *Comunalismo* e realiza uma crítica mais fundamentada das variedades do individualismo dos EUA, ou, como queria Bookchin,

[29]Ibidem, p. 5.
[30]Ibidem.
[31]Ibidem, pp. 4–5; 29.

das diversas formas de anarquismo de estilo de vida. Ele inicia sua crítica dizendo que, desde seu surgimento, o anarquismo desenvolveu-se com a tensão entre duas tendências contraditórias: um compromisso pessoal com a *autonomia* individual e um compromisso coletivo com a *liberdade* social.

Recorrendo aos clássicos como Bakunin e Kropotkin, mostra o desenvolvimento do anarquismo como uma forma de socialismo e de que maneira o individualismo contestou estas bases clássicas com "suas preocupações com o ego, sua unicidade e seus conceitos polimorfos de resistência" que estariam "a todo momento, desgastando o caráter socialista da tradição libertária".

Em sua crítica ao individualismo, Bookchin acusa-o de ser a celebração da incoerência teórica, uma posição apolítica e antiorganizacional com aspirações místicas, primitivistas e antirracionais. Acusando o anarquismo de estilo de vida de ser liberal, por basear-se tão somente no mito da autonomia do indivíduo, ele demonstra como o conceito de liberdade social do anarquismo transformou-se, para muitos dos que ainda se chamam anarquistas, em uma noção de autonomia que está apartada de uma proposta de transformação social e que busca, diversa e simplesmente, a autorrealização. Para ele,

a bandeira negra — que os revolucionários do anarquismo social levantaram nas lutas insurrecionais na Ucrânia e na Espanha — torna--se agora um "sarongue" da moda, para deleite de uma chique pequena burguesia.

Ainda nesta linha, Bookchin dedica um capítulo à crítica daqueles que veem o anarquismo como caos e às propostas como a Zona Autônoma Temporária (TAZ) de Hakim Bey, dizendo:

A burguesia realmente não tinha motivos para temer essas declamações de estilo de vida. Com a sua aversão pelas instituições, pelas organizações de massas, com sua orientação em grande medida subcultural, sua decadência moral, sua celebração da transitoriedade e sua rejeição dos programas, esse tipo de anarquismo narcisista é socialmente inócuo e, com frequência, apenas uma válvula de escape segura para o descontentamento com a ordem social dominante.

38 | Com Bey, o anarquismo de estilo de vida foge de toda militância social significativa e do firme compromisso com os projetos duradouros e criativos, dissolvendo-se nas queixas, no niilismo pós-modernista e em um confuso sentido nietzschiano de superioridade elitista.

Para além disso, há um capítulo criticando o viés místico e irracionalista do anarquismo de estilo de vida e outra crítica contundente àqueles que se posicionam contra a tecnologia e a civilização. Com significativo embasamento, Bookchin desmonta as teses primitivistas, mostrando como as posições teoricamente libertárias dos povos primitivos não são mais do que uma romantização do passado que não podem oferecer perspectivas para o presente nem para o futuro.

Concluindo sua crítica, Bookchin enfatiza que "entre o socialismo do anarcossindicalismo e do anarcocomunismo", que nunca negaram a autorrealização e a realização do desejo, e "o individualismo, fundamentalmente liberal, do anarquismo de estilo de vida", haveria um abismo intransponível, "a não ser que desconsideremos completamente os objetivos, os métodos e a filosofia básica tão diferentes que os distinguem". Finaliza este seu polêmico artigo com propostas para um anarquismo social, comprometido com a racionalidade, a tecnologia, as instituições democráticas e a confederação das municipalidades ou comunas, em um "comunalismo democrático".

Em conclusão, para ele,

o anarquismo social deve afirmar, resolutamente, suas diferenças com o anarquismo de estilo de vida. Se um movimento social anarquista não puder traduzir seus quatro princípios — confederalismo municipal, oposição ao estatismo, democracia direta e comunismo libertário — em uma prática cotidiana, em uma nova esfera pública; se esses princípios se enfraquecerem como memórias de lutas passadas por meio de declarações e encontros cerimoniais; pior ainda, se eles forem subvertidos pela indústria do êxtase "libertária" e pelos teísmos asiáticos quietistas, seu centro socialista revolucionário terá de ser restabelecido sob um novo nome.

Muitas foram as polêmicas que se desenvolveram depois da publicação de "Anarquismo social ou anarquismo de estilo de vida".[32] Kingsley Wildmer, no artigo "How Broad and Deep Is Anarchism?", acusou Bookchin de ter uma postura inquisitorial, reconhecendo somente uma tendência dentro do anarquismo, ainda que o título de seu livro diga o contrário. Outros disseram que Bookchin estaria sofrendo de problemas mentais, como foi o caso de Jason McQuinn que, em uma crítica ao seu texto, acusava o autor de ser um paranóico e de estar expressando suas frustrações. Laure Akai acusou Bookchin de estar querendo aparecer com o livro e Bob Black em *Anarchy After Leftism* acusou-o de ser um privilegiado em busca de poder. A tática mais utilizada, segundo Biehl, foi colocar Bookchin numa posição de marxista autoritário, diversas vezes como stalinista. David Watson acusou-o de estar sofrendo de megalomania e chegou a escrever um livro de crítica a ele, *Beyond Bookchin*. Steve Ash afirmou que Bookchin tinha desvios marxistas que o impediam de ser chamado de anarquista e John Clark acusou-o de ser um bakuninista, que ele relacionava com um tipo de "anarcobolchevismo". Outro argumento utilizado pelos individualistas é que o anarquismo social seria algo antigo e ultrapassado e que o anarquismo de estilo de vida seria uma forma atualizada e renovada da ideologia.

Em um artigo chamado "Whither Anarchism?", Bookchin tentou defender-se das críticas mas, em 1996, já com 75 anos, estava cansado, quase exausto, principalmente pela rejeição que houve entre os anarquistas de seu municipalismo libertário e pelos ataques que vinha sofrendo. Isso, somado ao fato de poucas pessoas terem levantado em sua defesa em meio a todos estes ataques, fez com que ele se sentisse cada vez mais sozinho e mal compreendido; talvez até um homem fora de seu tempo, como relata sua companheira.

Desde 1995, Bookchin vinha dizendo às pessoas mais próximas que se o anarquismo continuasse neste rumo, ele teria de abandoná-lo. O que, segundo Biehl, ele já havia feito, visto que havia perdido com o anarquismo seus vínculos emocio-

---

[32]Bem resumidas em: Janet Biehl. "Bookchin Breaks With Anarchism".

INTRODUÇÃO

40 nais e intelectuais. Ainda assim, sua história no anarquismo o impedia de declarar essa posição publicamente.

Bookchin tentaria ainda, em conferências em 1998 (Portugal) e em 1999 (Vermont, EUA), promover o municipalismo libertário mas, para os anarquistas, não havia possibilidades: o municipalismo era pura e simplesmente estatismo. Dizendo estar "cansado de defender o anarquismo dos anarquistas", ele declarou ao periódico *Organise!* que teria falhado em sua tentativa de modificar os rumos do anarquismo. E foi nesta conferência de 1999 que Bookchin rompeu publicamente com o anarquismo.

Em 2002, ele escreveria seu último artigo, "The Communalist Project", no qual coloca suas ideias acerca deste rompimento. Para ele, o comunalismo constituiria uma nova ideologia de tradição revolucionária, que conservaria o melhor das ideologias da esquerda, "marxismo e anarquismo, mais propriamente a tradição socialista libertária".

Meu esforço em preservar o anarquismo sob o nome de "anarquismo social" foi, em grande medida, um fracasso, e eu agora acredito que o termo que utilizei para designar minhas visões deve ser substituído por comunalismo, que coerentemente integra e vai além dos aspectos mais viáveis das tradições anarquista e marxista. [...] Do marxismo, ele considera o projeto básico de formulação de um socialismo coerente e racionalmente sistemático, que integra filosofia, história, economia e política. Declaradamente dialético, ele busca enriquecer a teoria com a prática. Do anarquismo, ele considera seu compromisso com o antiestatismo, assim como seu reconhecimento de que a hierarquia é um problema básico que pode ser superado somente por uma sociedade socialista libertária.[33]

Desta forma, Bookchin renuncia ao anarquismo, assumindo que por muito tempo considerou-se anarquista, mas que novos pensamentos obrigaram-no a concluir que as posições anarquistas não constituiriam uma teoria social. Para ele, as perspectivas de estilo de vida do anarquismo individualista

[33]Murray Bookchin. "The Communalist Project", 2002. In: Communalism.net (http://www.communalism.net/Archive/02/tcp.html.)

haviam tornado-se hegemônicas, e passou a considerar que "o anarquismo representa a mais extrema formulação da ideologia do liberalismo de autonomia irrestrita, culminado numa celebração de atos heroicos de oposição ao Estado", o que se poderia confirmar com posições do "indivíduo acima ou mesmo contra a sociedade e a falta de responsabilidade personalista para com o bem-estar coletivo". Alguns anarquistas, segundo ele, teriam inclusive renunciado às ações de massas, colocando em prática o que os anarquistas espanhóis chamaram de "grupismo", "uma forma de ação de um pequeno grupo que é muito mais pessoal do que social".

Por estes motivos, Bookchin entendia que reivindicar-se anarquista, naquele momento, seria assumir toda a tradição individualista que ele vinha combatendo há anos. A forma de colocar sua ideologia no campo do socialismo foi, para ele, a renúncia do anarquismo à proposição de uma outra ideologia que, em harmonia com aspectos do marxismo, constituísse as bases do seu novo projeto político.

Bookchin faleceu em 2006 em decorrência de um problema cardíaco em sua casa em Burlington.

POR FIM: A ESQUERDA E O ANARQUISMO

Há muito tempo, diversas pessoas vêm demonstrando interesse no estudo do anarquismo e, para isso, têm a necessidade de defini-lo. E a polêmica já se inicia aí, por razão da existência de um extenso universo das mais díspares definições.

Essas distintas definições existem, ainda hoje, também em função de tudo e de todos que se reivindicam anarquistas ou são considerados como tal, apesar dos projetos completamente distintos. Algo que pode ir de uma forma libertária de socialismo, que acredita no capitalismo como uma sociedade de classes e na luta de classes como seu aspecto fundamental, que defende as mobilizações populares e um projeto de transformação revolucionário, até um individualismo que não se quer socialista, não concorda com as posições classistas, acredita que mobilizações populares são autoritárias por contarem com outros membros da esquerda e que um projeto revolucionário deveria ser substituído pelo viver aqui e agora, num modelo de "insurreição pessoal" que está ligado a uma concepção de autonomia e liberdade individual.

E é isso o que se constata, não só nos EUA, mas no mundo inteiro. A discussão de "Anarquismo social ou anarquismo de estilo de vida" insere-se neste contexto, em que projetos diametralmente opostos reivindicam-se anarquistas — manifestação histórica e muito evidente nos EUA. De um lado, a tradição do anarquismo social, dos Mártires de Chicago, do IWW e de organizações atuais como a Northeastern Federation of Anarchist-Communists (NEFAC). De outro, o anarquismo de estilo de vida de Warren, Tucker e de primitivistas ou individualistas contemporâneos.

O chamado "abismo intransponível" entre o anarquismo social e o anarquismo de estilo de vida aparta todos aqueles que se reivindicam anarquistas na atualidade e contribui com reflexões sobre o que é e para que serve o anarquismo. O artigo possui uma grande virtude: separar o joio do trigo dentro da confusão que se dá hoje entre aqueles que se chamam ou são considerados anarquistas. Negar o rótulo àqueles que possuem práticas completamente divergentes daquelas que constituem a espinha dorsal da ideologia pode parecer pouco generoso. Esta categorização de Bookchin dá uma ideia de dois projetos distintos que hoje se reivindicam anarquistas e permite enxergar com clareza as diferenças e as propostas de individualismo ou socialismo.

"A esquerda que se foi" aprofunda a discussão sobre o que era a esquerda e o que ela tornou-se ao longo da história. Ao realizar uma comparação crítica entre a esquerda clássica e a atual, Bookchin retoma aspectos centrais que nortearam e ainda pautam as polêmicas da esquerda.

Anarquismo, crítica e autocrítica contribui, enfim, com uma discussão crítica e comparativa acerca dos valores clássicos e contemporâneos da esquerda e do próprio anarquismo.

ANARQUISMO
CRÍTICA E AUTOCRÍTICA

PRIMITIVISMO, INDIVIDUALISMO, CAOS,
MISTICISMO, COMUNALISMO,
INTERNACIONALISMO, ANTIMILITARISMO
E DEMOCRACIA

ANARQUISMO SOCIAL OU ANARQUISMO DE ESTILO DE VIDA[†]

Um abismo intransponível

UMA NOTA AO LEITOR

ESSE PEQUENO livro foi escrito para tratar do fato de o anarquismo encontrar-se num ponto decisivo em sua longa e turbulenta história.

Num tempo em que a desconfiança popular em relação ao Estado chegou a níveis extraordinários em diversos países; em que a sociedade, nas mãos de um número bastante reduzido de corporações e indivíduos abastados, apresenta um nítido contraste, por razão do empobrecimento crescente de milhões de pessoas, em proporções jamais vistas desde a década da Grande Depressão; em que a intensidade da exploração tem forçado, cada vez mais, as pessoas a aceitarem uma semana de trabalho com duração típica do século XIX — os anarquistas não criaram um programa coerente e nem uma organização revolucionária para direcionar o descontentamento da massa que a sociedade contemporânea está criando.

Em vez disso, tal descontentamento está sendo absorvido pelos políticos reacionários e canalizado para a hostilidade contra minorias étnicas, imigrantes, pobres e marginalizados, como mães solteiras, sem-teto, idosos e até contra ambienta-

---

[†] Optamos pela tradução de "lifestyle anarchism" como "anarquismo de estilo de vida", ainda que a tradução pareça literal e que haja correspondentes mais adequados na língua portuguesa — "anarquismo comportamental", "anarquismo comportamentista", "anarquismo de fachada", entre outros. Nossa opção pelo "anarquismo de estilo de vida" e suas variáveis deu-se por esta ser uma expressão já em utilização no Brasil. [N. do T.]

ANARQUISMO SOCIAL OU ANARQUISMO DE ESTILO DE VIDA

listas, que vêm sendo colocados como principais fontes dos problemas sociais contemporâneos.

O fracasso dos anarquistas — ou, pelo menos, de muitos autointitulados anarquistas — em conseguir um vasto grupo de apoiadores tem origem não apenas nesse senso de impotência que hoje permeia milhões de pessoas. Isso se deve, em grande medida, às mudanças ocorridas com muitos anarquistas nas últimas duas décadas. Goste-se disso ou não, milhares desses autointitulados anarquistas foram aos poucos abandonando o cerne social das ideias anarquistas, em favor de um personalismo *yuppie* e *new age*, que vem sendo disseminado em todo o mundo e que marca esta época decadente e aburguesada. Em termos muito concretos, eles não são mais socialistas — defensores de uma sociedade libertária fundamentada nas comunidades — e abstêm-se de qualquer compromisso com um confronto *social* organizado e programaticamente coerente contra a ordem existente. Cada vez mais, esses autointitulados anarquistas vêm seguindo uma tendência do momento, em grande medida da classe média, que aponta para um personalismo decadente, em nome de sua "autonomia" soberana; para um misticismo nauseante, em nome de um "intuicionismo"; para uma visão edênica da história, em nome do "primitivismo". Na verdade, o próprio capitalismo vem sendo mistificado por muitos desses autointitulados anarquistas, que o colocam como uma "sociedade industrial", abstratamente concebida. As várias opressões da sociedade vêm sendo grosseiramente atribuídas ao impacto da "tecnologia", e não às relações sociais fundamentais entre capital e trabalho, estruturadas em torno de uma economia de mercado disseminada globalmente, que tem impregnado todas as esferas da vida, desde a cultura até as amizades e a família. A tendência de muitos anarquistas em considerar a origem dos males da sociedade a "civilização", e não o capital e a hierarquia; a "grande máquina", e não a mercantilização da vida; as obscuras "simulações", e não a tirania bastante palpável das explorações e das carências materiais — essa tendência não difere da apologia burguesa do "*downsizing*" nas corporações modernas, como resultado de "avanços tecnológicos", e não do insaciável apetite por lucro da burguesia.

Nas páginas seguintes, enfatizo a permanente fuga desses autointitulados anarquistas do domínio social, principal campo de atuação dos antigos anarquistas, como os anarcossindicalistas e os comunistas libertários revolucionários. Uma fuga em direção às aventuras ocasionais, que evitam qualquer compromisso organizacional ou coerência intelectual — e, ainda mais perturbador, em direção a um egoísmo brutal, que se sustenta na mais ampla decadência cultural da sociedade burguesa de nossos dias.

Os anarquistas, para ser claro, podem merecidamente celebrar o fato de estarem reivindicando, já há muito tempo, a liberdade sexual, a estetização da vida cotidiana e a libertação da humanidade dos constrangimentos psíquicos opressores, que negaram a ela sua completa liberdade física e intelectual. Como autor de "Desire and Need", escrito uns trinta anos atrás, só posso aplaudir a exigência de Emma Goldman de não querer uma revolução a cujo som ela não pudesse dançar — e, conforme acrescentaram meus pais, membros do IWW[1], no início deste século, na qual não pudessem cantar.

No entanto, esses anarquistas ao menos insistiam em uma revolução — uma revolução *social* —, sem a qual esses objetivos estéticos e psicológicos não poderiam ser atingidos por toda a humanidade. E fizeram *deste* esforço revolucionário fundamental o centro de todas as suas esperanças e ideais. É lamentável que tal esforço revolucionário, na verdade o generoso idealismo e a magnânima consciência de classe, sobre os quais ele se apoia, tem sido cada vez menos importante para esses autointitulados anarquistas, com os quais me deparo hoje. É precisamente a perspectiva social revolucionária, tão básica na definição de um anarquismo *social*, com todos os seus fundamentos teóricos e organizacionais, que pretendo retomar na investigação crítica do anarquismo *de estilo de vida*, que ocupa

---

[1] Industrial Workers of the World, sindicato revolucionário dos Estados Unidos que existe desde 1905. [N. do T.]

as páginas que seguem. A menos que eu esteja gravemente equivocado — e espero estar — os objetivos sociais e revolucionários do anarquismo vêm sofrendo um amplo desgaste, a ponto de a palavra anarquia estar se tornando parte do elegante vocabulário burguês do século XXI — desobediente, rebelde, despreocupado, mas deliciosamente inofensivo.

12 de julho de 1995

ANARQUISMO SOCIAL OU ANARQUISMO DE ESTILO DE VIDA

Por cerca de dois séculos, o anarquismo — um corpo extremamente ecumênico de ideias antiautoritárias — desenvolveu-se com a tensão entre duas tendências contraditórias: um compromisso pessoal com a *autonomia* individual e um compromisso coletivo com a *liberdade* social. Essas tendências nunca se harmonizaram na história do pensamento libertário. Na realidade, durante boa parte do século XIX, elas simplesmente coexistiram no anarquismo, fundamentadas em uma crença minimalista de oposição ao Estado, e não em uma crença maximalista, que concebesse a nova sociedade que deveria substituí-lo.

Isso não significa dizer que as várias escolas do anarquismo não tenham defendido formas bastante específicas de organização social, ainda que, com frequência, houvesse marcadas contradições entre elas. O anarquismo, de maneira geral, desenvolveu o que Isaiah Berlin chamou de "liberdade negativa", ou seja, uma "liberdade de", formal, em vez de uma "liberdade para", substantiva. Com frequência, o anarquismo celebrou seu compromisso com a liberdade negativa como prova de seu próprio pluralismo, de sua tolerância ideológica ou de sua criatividade — ou mesmo, como alguns sacerdotes pós-modernos recentes afirmaram, de sua incoerência.

O fracasso do anarquismo em resolver esta tensão — em articular a relação entre o indivíduo e o coletivo e em enunciar as circunstâncias históricas que tornariam possível uma sociedade anárquica e sem Estado — criou problemas para seu próprio pensamento; problemas que continuam até hoje sem solução. Pierre-Joseph Proudhon, mais do que muitos anarquistas de seu tempo, esforçou-se para formular uma ideia completa de sociedade libertária. Baseado em contratos, essencialmente entre pequenos produtores, cooperativas e comunas, o projeto de Proudhon continha elementos do mundo artesanal e provinciano em que ele nasceu. Porém, seu esforço em combinar uma noção de liberdade *patroniste*, diversas vezes patriarcal, com acordos sociais contratuais, tinha pouca profundidade. O artesão, a cooperativa e a comuna, relacionando-se entre si, em termos contratuais burgueses de equidade ou de justiça, e não em termos comunistas de capacidade e necessidade, refletiam a propensão dos artesãos à autonomia pessoal, deixando indefinido qualquer compromisso moral com o coletivo, para além das boas intenções de seus membros.

Na verdade, a famosa frase de Proudhon: "qualquer um que ponha as mãos sobre mim para me governar é um usurpador, um tirano; e eu o declaro meu inimigo", expressa uma liberdade negativa e personalista, que ofusca sua oposição às instituições sociais opressoras e ao projeto de sociedade anarquista concebido por ele. Sua afirmação harmoniza-se, sem grandes esforços, com a declaração individualista de William Godwin: "Há apenas um poder ao qual eu posso oferecer sincera obediência; a decisão de meu próprio discernimento, os ditames de minha própria consciência". A simpatia de Godwin pelo *seu* próprio discernimento e pela *sua* consciência, assim como a condenação de Proudhon da "mão" que ameaça restringir a *sua* liberdade, deu ao anarquismo um impulso bastante individualista.

Por mais atraentes que sejam — e nos Estados Unidos estas afirmações conquistaram considerável admiração da direita que vem sendo chamada de "libertária" (e que deveria ser chamada de proprietária),[2] defensora de uma economia "livre" —

---

[2]Tradição ultraliberal dos Estados Unidos também conhecida por libertarianismo ou libertarismo. Defende o pensamento liberal clássico,

ANARQUISMO SOCIAL OU ANARQUISMO DE ESTILO DE VIDA

essas afirmações revelam um anarquismo em conflito consigo mesmo. Em diferentes termos, Mikhail Bakunin e Piotr Kropotkin defenderam perspectivas essencialmente coletivistas — no caso de Kropotkin, explicitamente comunistas. Bakunin priorizava, enfaticamente, o social sobre o indivíduo. A sociedade, escreve ele,

precede todos os indivíduos e, ao mesmo tempo, sobrevive a todo indivíduo humano, sendo, a este respeito, como a própria natureza. Ela é eterna como a natureza, ou melhor dizendo, tendo nascido sobre a nossa Terra, ela durará tanto quanto a Terra. Uma revolta radical contra a sociedade seria, portanto, tão impossível ao homem quanto uma revolta contra a natureza, sendo a sociedade humana nada mais que a última grande manifestação ou criação da natureza nesta Terra. E um indivíduo que queira rebelar-se contra a sociedade [...] colocar-se-á além dos limites da existência real.[5]

Bakunin expressou muitas vezes sua oposição às tendências individualistas do liberalismo e do anarquismo, por meio de uma considerável e polêmica ênfase. Apesar de a sociedade "dever-se aos indivíduos", escreveu ele, numa afirmação relativamente branda, a formação do indivíduo é social.

Mesmo o indivíduo mais imprestável de nossa atual sociedade não poderia existir e desenvolver-se sem os esforços sociais cumulativos de incontáveis gerações. Assim, o indivíduo, sua liberdade e sua razão são produtos da sociedade, e não o contrário: a sociedade não é o produto dos indivíduos que a compõem; quanto mais elevada e plenamente o indivíduo desenvolver-se, maior será sua liberdade — e quanto mais ele for o produto da sociedade, mais ele receberá dela e maior será sua dívida com ela.[4]

Kropotkin, por sua vez, preservou esta ênfase coletivista, com notável consistência. Naquele que foi, provavelmente,

reforçando valores como a propriedade privada e as liberdades civis. É contra o Estado (principalmente no que diz respeito à intervenção estatal), mas não contra o capitalismo. Seus defensores são chamados nos EUA de "libertários de direita" ou "anarcocapitalistas". [N. do T.]

[5]G. P. Maximoff (org.). *The Political Philosophy of Bakunin.* Glencoe: Free Press, 1953, p. 144.

[4]Ibidem, p. 158.

seu texto mais lido, o verbete "Anarchism" da *Encyclopaedia Britannica*, Kropotkin situou as concepções econômicas do anarquismo à "esquerda" de "todos os socialismos", por reivindicarem a abolição radical da propriedade privada e do Estado, no "espírito da iniciativa local, pessoal e da livre federação, estabelecida do simples ao complexo, em vez da presente hierarquia, que vai do centro à periferia". As obras de Kropotkin sobre a ética possuem uma crítica constante aos esforços liberais de contrapor o indivíduo à sociedade, em termos mais concretos, uma crítica à subordinação da sociedade ao indivíduo ou ao ego. Ele colocou-se, de maneira bastante precisa, como parte da tradição socialista. Seu anarcocomunismo, que se baseava nos avanços da tecnologia e no aumento de produtividade, tornou--se uma ideologia libertária preponderante na década de 1890, abrindo caminho entre as noções coletivistas de distribuição baseadas na equidade. Os anarquistas, "assim como a maioria dos socialistas", enfatizou Kropotkin, reconheciam a necessidade de "períodos de evolução acelerada, chamados de revoluções", produzindo, enfim, uma sociedade baseada nas federações de "todas as municipalidades ou comunas dos grupos locais de produtores e consumidores".[5]

Com a emergência do anarcossindicalismo e do anarcocomunismo, nos fins do século XIX e início do século XX, a necessidade de se resolver a tensão entre as tendências individualista e coletivista tornou-se obsoleta.[6] O anarcoindividualismo foi, em grande medida, marginalizado pelos movimentos operários — organizações socialistas de massas —, dos quais muitos anarquistas consideravam-se a esquerda. Em uma época de violentos confrontos sociais — marcada pelo surgimento de um movimento de massas da classe trabalhadora, que teve

---

[5]Peter Kropotkin. "Anarchism" (artigo da *Encyclopaedia Britannica*). In: Roger N. Baldwin (org.). *Kropotkin's Revolutionary Pamphlets*. Nova York: Dover Publications, 1970, pp. 285–287.

[6]O anarcossindicalismo remonta, na verdade, às noções de "grande feriado" ou de greve geral, propostas pelos cartistas ingleses. Entre os anarquistas espanhóis, ele já era uma prática aceita desde os anos 1880; mais ou menos uma década antes de ser conceituado como doutrina na França.

ANARQUISMO SOCIAL OU ANARQUISMO DE ESTILO DE VIDA

seu auge nos anos 1930, durante a Revolução Espanhola —, os anarcossindicalistas e os anarcocomunistas, assim como os marxistas, consideravam o anarcoindividualismo um exotismo pequeno-burguês. Atacavam-no, com frequência, de maneira bastante direta, acusando-o de ser um capricho da classe média, muito mais radicado no liberalismo do que no anarquismo.

O período mal permitiu aos individualistas, em nome de suas "unicidades", ignorarem a necessidade de formas de organização realmente revolucionárias, com programas coerentes e persuasivos. Longe de endossar a metafísica do único [ego] de Max Stirner[7] e sua "unicidade", os militantes anarquistas precisavam de uma literatura básica, que fosse programática, discursiva e teórica, o que foi realizado por livros como *A conquista do pão*, de Kropotkin (Londres, 1913); *O organismo econômico da revolução*, de Diego Abad de Santillán (Barcelona, 1936); e *The Political Philosophy of Bakunin*, de G. P. Maximoff.[8] Pelo que sei, nenhuma "união dos egoístas" stirneriana jamais chegou a ter qualquer destaque — mesmo admitindo que essa união pudesse existir e sobreviver às "unicidades" de seus egocêntricos participantes.

O ANARCOINDIVIDUALISMO E A REAÇÃO

Na verdade, o individualismo ideológico não desapareceu completamente durante esse período de grande agitação social. Diversos anarcoindividualistas, especialmente no mundo

[7]Traduziremos o termo inglês *"ego"* ora como "ego", ora como "único". A obra de Max Stirner, originalmente escrita em alemão (*Der Einzige und sein Eigentum*), utiliza o termo "único" (*Einzige*) e não "ego". No entanto, o nome do livro de Stirner em inglês é *The Ego and His Own*, o que modifica o substantivo "único" para "ego", já que o termo *"unique"*, "único", em inglês, serve apenas como adjetivo. Portanto, ainda que Bookchin utilize sempre o termo "ego", quando se tratar das referências a Stirner faremos a tradução como "único", conforme o livro em português. Max Stirner. *O único e sua propriedade* (trad. João Barrento). São Paulo: Martins Fontes, 2009). [N. do T.]

[8]Publicado em inglês em 1953, três anos após a morte de Maximoff; a data da compilação original, não disponível na tradução para o inglês, pode ser de anos ou mesmo de décadas antes.

MURRAY BOOKCHIN

anglo-americano, alimentaram-se das ideias de John Locke e John Stuart Mill, e também das ideias do próprio Stirner. Individualistas autóctones, com diversos níveis de compromisso em relação às concepções libertárias, espalharam a confusão no horizonte anarquista. Na prática, o anarcoindividualismo atraiu *indivíduos*, desde Benjamin Tucker, nos Estados Unidos — partidário de uma estranha versão da livre concorrência —, até Federica Montseny, na Espanha — que, muitas vezes, honrou suas concepções stirnerianas. Apesar da confissão ideológica anarcocomunista, nietzscheanos como Emma Goldman continuaram, em espírito, bem próximos dos individualistas.

Os anarcoindividualistas poucas vezes tiveram alguma influência sobre a classe operária que surgia naquele momento. Expressavam sua oposição em termos pessoais e peculiares, especialmente por meio de panfletos inflamados, comportamentos extravagantes e estilos de vida aberrantes, nos guetos culturais do *fin de siècle* de Nova York, Paris e Londres. Como uma crença, o anarcoindividualismo deu corpo, em grande medida, a um estilo de vida boêmio, que se evidenciou nas reivindicações de liberdade sexual ("amor livre") e no fascínio pelas inovações na arte, no comportamento e nas roupas.

Nos tempos de grave repressão e de um imobilismo social mortal, os anarcoindividualistas tomaram a linha de frente das atividades libertárias — fundamentalmente pelo envolvimento nos atos terroristas. Na França, na Espanha e nos Estados Unidos, os anarcoindividualistas envolveram-se em atos de terrorismo que terminaram por dar ao anarquismo uma imagem de conspiração sinistra e violenta. Aqueles que se converteram ao terrorismo geralmente não eram socialistas libertários ou comunistas, mas homens e mulheres desesperados, que utilizavam armas e explosivos para protestar contra as injustiças e o obscurantismo de seu tempo, supostamente em nome da "propaganda pelo fato". No entanto, o anarcoindividualismo expressou-se, na maior parte das vezes, por meio do comportamento cultural questionador. Foi ganhando notoriedade no anarquismo à medida que os anarquistas perdiam seu vínculo com uma esfera pública viável.

ANARQUISMO SOCIAL OU ANARQUISMO DE ESTILO DE VIDA

O contexto social reacionário de hoje explica bem a emergência de um fenômeno no anarquismo euro-americano, que não pode ser ignorado: a propagação do anarcoindividualismo. Nestes tempos, em que até as respeitáveis formas de socialismo fogem, desesperadamente, dos princípios que poderiam ser interpretados como radicais, as questões de estilo de vida estão, novamente, suplantando a ação social e as políticas revolucionárias anarquistas. Nos Estados Unidos e na Inglaterra, países tradicionalmente individualistas e liberais, os anos 1990 estão transbordando de autointitulados anarquistas que — desconsiderando a retórica radical e exibicionista — vêm cultivando um anarcoindividualismo moderno, que chamarei de *anarquismo de estilo de vida*. Suas preocupações com o ego, sua unicidade e seus conceitos polimorfos de resistência vêm, a todo momento, desgastando o caráter socialista da tradição libertária. Sem diferenças em relação ao marxismo e a outros socialismos, o anarquismo pode ser influenciado pelo ambiente burguês ao qual diz se contrapor, sendo resultado disso o crescimento do "ensimesmamento" e do narcisismo da geração *yuppie*, que vem deixando sua marca em muitos dos declarados radicais. Aventureirismo *ad hoc*, ostentação pessoal, uma aversão à teoria estranhamente similar às tendências antirracionais do pós-modernismo, celebrações de incoerência teórica (pluralismo), um compromisso apolítico e antiorganizacional com a imaginação, o desejo, o êxtase e um encantamento da vida cotidiana muito voltado a si mesmo — tudo isso reflete o estrago que a reação social causou no anarquismo euro-americano durante as últimas duas décadas.[9]

[9]Com todos os seus defeitos, a contracultura anárquica do início dos conturbados anos 1960 era bastante politizada. Ainda que utilizasse expressões como desejo e êxtase, ela era uma utilização eminentemente social, que muitas vezes ridicularizava as tendências personalistas da última geração Woodstock. A transformação da "cultura jovem", como era originalmente chamada, forjada no início dos movimentos pelos direitos civis e pacifistas, naquilo que foram Woodstock e Altamont, juntamente com sua ênfase numa forma de "prazer" puramente autocomplacente, reflete-se na regressão do Dylan de "Blowin' in the Wind" para o de "Sad-Eyed Lady of the Lowlands".

MURRAY BOOKCHIN

Durante os anos 1970, Katinka Matson, que organizou um pequeno tratado de técnicas para o desenvolvimento psicológico pessoal, escreve que ocorreu "uma notável mudança na forma como nos víamos no mundo. Os anos 1960", continua ela,

encontraram a preocupação com o ativismo político, o Vietnã, a ecologia, os *be-ins*,[10] as comunidades alternativas, as drogas etc. Hoje, estamos nos voltando para dentro: procurando definições pessoais, aperfeiçoamentos pessoais, realizações pessoais e esclarecimentos pessoais.[11]

O pequeno e nocivo bestiário de Matson, organizado para a revista *Psychology Today*, cobre todas as técnicas, da acupuntura ao I Ching, do eletrochoque à reflexologia. Ela bem que poderia ter incluído o anarquismo de estilo de vida em seu tratado de soporíferos introspectivos, boa parte deles promotores da autonomia individual e não da liberdade social. A psicoterapia, em todas as suas vertentes, cultiva uma introspecção orientada para o "eu", que busca fundar a autonomia em uma condição psicológica imóvel de autossuficiência emocional — não do "eu" socialmente envolvido, representado pela liberdade. No anarquismo de estilo de vida, assim como na psicoterapia, o ego é contraposto ao coletivo, o eu à sociedade, o pessoal ao comunal.

O ego — mais precisamente sua encarnação em vários estilos de vida — tornou-se uma ideia fixa para muitos anarquistas pós-1960, que estão desistindo da oposição organizada, coletiva e programática à ordem social existente. "Protestos" sem firmeza, traquinagens sem objetivo, afirmações dos próprios desejos e uma "recolonização" muito particular da vida cotidiana ocorrem paralelamente aos estilos de vida psicoterápicos, *new age* e auto-orientados de *baby boomers* entediados e membros

[10] Alusão aos eventos do final da década de 1960, como o Human Be-In, retomando os *sit-ins* utilizados pelos movimentos sociais desde a década de 1930. [N. do T.]

[11] Katinka Matson. "Preface". In: *The Psychology Today Omnibook of Personal Development*. Nova York: William Morrow&Co., 1977.

ANARQUISMO SOCIAL OU ANARQUISMO DE ESTILO DE VIDA

da Geração x.[12] Hoje, o que se passa por anarquismo nos EUA e, cada vez mais, na Europa, não é mais do que um personalismo introspectivo, que denigre o compromisso social responsável; um grupo de encontros, denominado genericamente "coletivo" ou "grupo de afinidades"; um estado de espírito, que arrogantemente ridiculariza a estrutura, a organização e o engajamento das pessoas; um parque de diversões para palhaçadas juvenis.

Conscientemente ou não, muitos anarquistas de estilo de vida citam a "insurreição pessoal" de Michel Foucault como substituta à revolução social, fundamentados em uma crítica ambígua e cósmica do poder enquanto tal, e não nas demandas de fortalecimento *institucional* dos oprimidos, por meio de assembleias populares, conselhos e/ou confederações. Na medida em que essa tendência exclui a possibilidade real da revolução social — colocando-a como "impossibilidade" ou "imaginário" —, ela perverte os fundamentos do anarquismo socialista ou comunista. Na realidade, Foucault sustenta que

a resistência nunca está em posição de exterioridade em relação ao poder. [...] Assim, não há um único (leia-se universal) lugar exato de grande recusa, não há espírito de revolta, fonte de todas as rebeliões, ou uma lei absoluta dos revolucionários.

Presos — como todos nós estamos, no amplexo onipresente de um poder tão cósmico que, descontados os exageros e ambiguidades de Foucault, a resistência torna-se completamente polimorfa —, flutuamos à toa entre o "solitário" e o "exuberante".[13] Suas sinuosas ideias resumem-se à noção de que a resistência deve necessariamente ser uma guerrilha, que esteja sempre presente — e que é sempre derrotada.

O anarquismo de estilo de vida, assim como o anarcoindividualismo, despreza a teoria ao utilizar referenciais místicos

---

[12]Baby boomers: indivíduos nascidos durante o período de alta natalidade, especificamente na Inglaterra e nos EUA, de 1945 a 1952. Geração x: referência à geração de pessoas nascidas no início dos anos 1970, que viram os pais *hippies* tornando-se *yuppies*, e atingiram a maioridade no final do século xx. [N. do E.]

[13]Michel Foucault. *The History of Sexuality*, vol. 1 (trad. Robert Hurley). Nova York: Vintage Books, 1990, pp. 95–96.

MURRAY BOOKCHIN

e primitivistas, geralmente muito vagos, intuitivos e até antir- | 57
racionais, quando imediatamente analisados. Eles são mais
sintomas do que causas dessa tendência à santificação do eu,
utilizada como um refúgio contra o mal-estar social existente.
Entretanto, os anarquismos personalistas continuam a utilizar
certas premissas teóricas nebulosas, que precisam ser critica-
mente investigadas.

Sua linha ideológica é basicamente liberal, fundamentada
no mito do indivíduo completamente autônomo, cujas reivindicações da própria soberania valem-se de axiomáticos "direitos
naturais", "valores intrínsecos", ou, em um nível mais sofisticado,
do eu transcendental kantiano, produtor de toda a realidade
cognoscível. Essas tradicionais posições evidenciam-se no "eu"
ou no único [ego] de Max Stirner, que tem em comum com o
existencialismo a tendência de absorver toda a realidade em si
mesmo, como se o universo girasse em torno das escolhas do
indivíduo auto-orientado.[14]

Trabalhos mais recentes sobre o anarquismo de estilo de
vida têm evitado o "eu" que tudo abarca, o "eu" soberano de Stirner, ainda que conservem sua ênfase no egocentrismo e tendam
ao existencialismo, ao situacionismo reciclado, ao budismo, ao
taoísmo, ao antirracionalismo ou ao primitivismo — ou, de
maneira muito ecumênica, a todos eles, em várias permutações.
Seus atributos comuns, como veremos, aspiram a um retorno
edênico ao ego original, muitas vezes difuso ou até petulante e
infantil, que aparentemente precede a história, a civilização ou
uma tecnologia sofisticada — possivelmente anterior à própria
linguagem —; atributos comuns que têm alimentado mais de
uma ideologia política reacionária ao longo do século xix.

---

[14]A filiação filosófica deste eu e sua trajetória remonta a Kant através de
Fichte. A posição de Stirner sobre o único [ego] é uma simples e grosseira
mutação do eu kantiano, e particularmente do fichteano, marcada mais pela
dominação do que pela compreensão.

58 | AUTONOMIA OU LIBERDADE [FREEDOM]?[†]

Para não cair nas armadilhas do construcionismo, que considera todas as categorias o produto de uma determinada ordem social, somos obrigados a elaborar uma pergunta acerca da definição de "indivíduo livre". Como a individualidade constitui-se, e sob que circunstâncias ela é livre?

Quando os anarquistas de estilo de vida reivindicam a autonomia em vez da liberdade [freedom], eles perdem as ricas implicações sociais da liberdade [freedom]. A constante e atual defesa anarquista da autonomia, em lugar da liberdade [freedom] social, não pode ser considerada um acidente, em particular no que diz respeito às tendências libertárias anglo--americanas, para as quais a noção de autonomia corresponde mais à liberdade [liberty] pessoal. Suas raízes estão na tradição imperial romana da *libertas*, para a qual o ego desimpedido é "livre" para ter a sua propriedade pessoal — e para satisfazer seus desejos pessoais. Hoje, o indivíduo dotado de "direitos soberanos" é visto por muitos anarquistas de estilo de vida como uma antítese, não apenas ao Estado, mas também à sociedade.

Estritamente definida, a palavra grega *autonomia* significa "independência", e implica um ego autogerido, independente de qualquer clientelismo ou confiança em relação aos outros para sua manutenção. Pelo que sei, ela não foi muito utilizada pelos filósofos gregos; na verdade, ela nem é mencionada no léxico histórico de F. E. Peter sobre *Termos filosóficos gregos*. A *autonomia*, como a *liberdade* [liberty], refere-se ao homem (ou

---

[†] Em uma nota deste capítulo, que estava um pouco mais à frente, Bookchin colocou: "Infelizmente, nas línguas românicas, em geral se traduz *liberdade* [freedom], por uma palavra derivada de *libertas*, do latim — *liberté*, em francês; *libertà*, em italiano; *libertad*, em espanhol. No inglês, que combina raízes germânicas e latinas, é possível fazer uma distinção entre *freedom* e *liberty*, o que outras línguas não permitem. Recomendo apenas, neste caso, que escritores de outras línguas utilizem ambas palavras inglesas para manter a necessária distinção entre elas." Por este motivo, neste capítulo, quando utilizarmos a palavra "liberdade", manteremos entre colchetes a palavra original em inglês, "freedom" ou "liberty", visando a compreensão da discussão. [N. do T.]

MURRAY BOOKCHIN

à mulher), que Platão teria chamado, com ironia, de "senhor de | 59
si mesmo", uma condição em "a parte superior da alma humana
comanda a inferior". Mesmo para Platão, em *A república*, o
esforço para se atingir a autonomia por meio da autoridade
sobre si mesmo constituía um paradoxo: "aquele que é senhor
de si mesmo é também, acredito, escravo de si mesmo, e aquele
que é escravo, é também senhor, porque ambas as expressões
referem-se à mesma pessoa". Paul Goodman, um anarquista
individualista, colocou, de maneira bem característica: "para
mim, o princípio essencial do anarquismo não é a liberdade
[freedom], mas a autonomia: a capacidade de se iniciar uma
tarefa e realizá-la da maneira desejada" — uma visão digna de
um esteta, mas não de um socialista revolucionário.[15]

Enquanto a *autonomia* refere-se ao indivíduo supostamente
soberano, a *liberdade* [freedom] conecta dialeticamente o indivíduo ao coletivo. A palavra liberdade [freedom] tem seu
análogo na *eleutheria* grega e deriva da *Freiheit* alemã, um
termo que ainda preserva uma descendência comunal ou *ge-
meinschäftliche*, na vida e no direito tribais teutônicos. Quando
aplicada ao indivíduo, a liberdade [freedom] preserva uma
interpretação social ou coletiva das origens e do desenvolvimento do indivíduo em si mesmo. Na "liberdade" [freedom],
a individualidade não se opõe ao coletivo e nem é dissociada
dele; ela é formada significativamente — e, em uma sociedade
racional, ela seria realizada — por sua própria existência social.
Assim, a liberdade [freedom] não inclui a liberdade [liberty]
do indivíduo; ela indica sua atualização.

A confusão entre autonomia e liberdade [freedom] é muito
evidente em *The Politics of Individualism* (POI), de Susan Brown,
uma tentativa recente de articular e elaborar um anarquismo,
em grande medida individualista, ainda que preserve relações
com o anarcocomunismo.[16] Se o anarquismo de estilo de vida
precisa de uma legitimidade acadêmica, ela se encontrará no

[15]Paul Goodman. "Politics Within Limits". In: Taylor Stoehr (org.).
Crazy Hope and Finite Experience: Final Essays of Paul Goodman. San
Francisco: Jossey-Bass, 1994, p. 56.
[16]L. Susan Brown. *The Politics of Individualism*. Montreal: Black Rose

ANARQUISMO SOCIAL OU ANARQUISMO DE ESTILO DE VIDA

60 | esforço de fusão entre Bakunin, Kropotkin e John Stuart Mill. Infelizmente, há nisso um problema que é mais do que acadêmico. O trabalho de Brown mostra o quanto os conceitos de autonomia pessoal permanecem em desacordo com os conceitos de liberdade [freedom] social. Na essência, como Goodman, ela não interpreta o anarquismo como uma filosofia da liberdade [freedom] social, mas da autonomia pessoal. Ela propõe uma noção de "individualismo existencial", diferenciando-o categoricamente, tanto do "individualismo instrumental" (ou "individualismo [burguês] possessivo", de C. B. Macpherson), quanto do "coletivismo" — tudo isso recheado com longas citações de Emma Goldman, que está longe de ser a pensadora mais competente do panteão libertário.

O "individualismo existencial" de Brown tem em comum com o liberalismo o "compromisso com a autonomia individual e com a autodeterminação", escreve ela (POI p. 2). "Já que grande parte da teoria anarquista tem sido considerada comunista, tanto por anarquistas quanto por não anarquistas", observa ela,

o que distingue o anarquismo de outras filosofias comunistas é a celebração inflexível e inexorável da autodeterminação e da autonomia individuais. Ser um anarquista — comunista, individualista, mutualista, sindicalista ou feminista — é afirmar um compromisso com a primazia da liberdade [freedom] individual.[17]

E aqui ela utiliza a palavra *liberdade* [freedom] com o sentido de autonomia. Ainda que a "crítica da propriedade privada" e a "defesa das relações econômicas comunais livres" (POI p. 2) coloquem o anarquismo de Brown para além do liberalismo, ele preserva, ainda assim, os direitos do indivíduo sobre — e *contra* — os direitos do coletivo.

"O que distingue [o individualismo existencial] da abordagem coletivista", continua Brown, "é que os individualistas", tanto os anarquistas quanto os liberais,

acreditam na existência de um livre arbítrio autêntico e internamente

Books, 1993. O nebuloso compromisso de Brown com o anarcocomunismo parece vir mais de uma preferência visceral do que de uma análise própria.

[17] Ibidem, p. 2.

MURRAY BOOKCHIN

motivado, enquanto a *maioria* dos coletivistas entende que o indivíduo humano é formado externamente por outros — o indivíduo, para eles, é "construído" pelo coletivo.[18]

Em essência, Brown rejeita o coletivismo — não apenas o socialismo de Estado, mas o coletivismo como tal —, sustentando a falácia liberal de que uma sociedade coletivista impõe a subordinação do indivíduo ao grupo. Sua extraordinária afirmação de que "*a maioria* dos coletivistas" considera as pessoas individuais simples "rebotalhos e refugos humanos, que passam rapidamente no fluxo da história" (POI, p. 12) é um exemplo característico. Stalin com certeza sustentava esta opinião, assim como muitos bolcheviques, com a sua hipostasia das forças sociais sobre os desejos e as intenções individuais. Mas os coletivistas são assim? Vamos ignorar as amplas tradições do coletivismo que buscavam uma sociedade harmônica, democrática e racional — como por exemplo as posições de William Morris ou de Gustav Landauer? E Robert Owen, os fourieristas, os socialistas libertários e democráticos, os primeiros social-democratas, ou mesmo Karl Marx e Piotr Kropotkin? Não estou certo de que "*a maioria* dos coletivistas", mesmo falando somente dos anarquistas, aceitaria o determinismo grosseiro que Brown atribui às interpretações sociais de Marx. Ao criar "coletivistas" fictícios, que são estritos mecanicistas, Brown retoricamente contrapõe um indivíduo constituído misteriosa e autogeneticamente a um coletivo onipresente, supostamente opressivo, ou mesmo totalitário. Brown exagera nos contrastes entre o "individualismo existencial" e as crenças da "maioria dos coletivistas" — a ponto de seus argumentos parecerem mal orientados, na melhor das hipóteses, ou mesmo maliciosos, na pior.

É elementar que, apesar da retumbante abertura de Jean-Jaques Rousseau em seu *Contrato social*, as pessoas definitivamente *não* "nascem livres", muito menos autônomas. Pelo contrário, elas nunca nascem livres, são muito dependentes

---

[18]Ibidem, p. 12, grifos meus.

ANARQUISMO SOCIAL OU ANARQUISMO DE ESTILO DE VIDA

62

e evidentemente heterônomas. A liberdade [freedom], a independência e a autonomia que as pessoas têm em um dado período histórico são produtos de longas tradições sociais e de um desenvolvimento *coletivo* — o que não significa negar que os indivíduos tenham um importante papel a desempenhar nesse desenvolvimento e que, de fato, no fim das contas, sejam obrigados a fazer isso, se desejarem ser livres.[19]

O argumento de Brown conduz a uma conclusão surpreendentemente simplista. "Não é o grupo que dá forma ao indivíduo", nos diz ela, "mas os indivíduos que dão forma e conteúdo ao grupo. Um grupo é *um agrupamento de indivíduos, nem mais e nem menos*; ele não tem vida ou consciência próprias" (POI, p. 12, grifos meus). Essa incrível formulação, além de se assemelhar muito à famigerada declaração de Margareth Thatcher — de que não existe sociedade, mas somente indivíduos —, comprova uma miopia social positivista e ingênua, na qual o universal é totalmente separado do concreto. Aristóteles, poder-se-ia pensar, resolveu este problema quando repreendeu Platão por ter criado um reino de "formas" inefáveis, que existiam separadas de suas "cópias" tangíveis e imperfeitas.

É verdade, ainda hoje, que os indivíduos nunca formam meros "agrupamentos" — exceto, talvez, no ciberespaço. É justamente o contrário; mesmo quando parecem atomizados e herméticos, eles são, em grande medida, definidos pelas relações que estabelecem ou que são obrigados a estabelecer com outros, em virtude de suas próprias existências reais como seres sociais. A ideia de que um coletivo — e, extrapolando, a sociedade — é meramente um "agrupamento de indivíduos, nem mais e nem menos" representa um *insight* sobre a natureza da

[19]Ridicularizando o mito de que as pessoas nascem livres, Bakunin inteligentemente declarou: "Como são ridículas as ideias dos individualistas da escola de Jean-Jacques Rousseau e dos mutualistas proudhonianos, que concebem a sociedade como resultado de um contrato livre de indivíduos absolutamente independentes uns dos outros, que entram em relação mútua só em decorrência de uma convenção definida entre os homens. Como se esses homens tivessem caído do céu, trazendo consigo a fala, a vontade, o pensamento original, como se fossem alheios a tudo na Terra, isto é, a tudo o que possui origem social." G. P. Maximoff (org.). Op. cit., p. 167.

associação humana que mal chega a ser liberal, e que hoje em dia é potencialmente reacionário.

Por identificar insistentemente o coletivismo com um determinismo social implacável, a própria Brown *cria* um "indivíduo" abstrato, que não é apenas existencial, no senso estrito e convencional da palavra. Minimamente, a existência humana *pressupõe* as condições materiais e sociais necessárias para a manutenção da vida, da sanidade, da inteligência e do raciocínio; além das qualidades afetivas que Brown considera essenciais para sua forma voluntária de comunismo: cuidado, preocupação e partilha. Sem a rica articulação das relações sociais, em que as pessoas estão inseridas desde o nascimento até a maturidade, um "agrupamento de indivíduos", de acordo com o postulado de Brown, não constituiria, de forma alguma, uma sociedade. Seria literalmente um "agrupamento", no sentido dado por Thatcher, de mônadas aproveitadoras, interesseiras e egoístas. Supostamente completas em si mesmas, elas são, por inversão dialética, em grande medida *des*individualizadas, pela falta de qualquer objetivo que esteja além da satisfação de suas próprias necessidades e dos seus próprios prazeres — que hoje em dia são, em grande medida, concebidos em termos sociais.

Reconhecer que os indivíduos determinam a si mesmos e que possuem o livre arbítrio não exige recusar o coletivismo, já que se sabe que esses indivíduos também são capazes de desenvolver uma consciência das condições sociais sob as quais as potencialidades eminentemente humanas são desenvolvidas. A obtenção da liberdade [freedom] depende, em parte, de fatores biológicos (como qualquer um que tenha criado uma criança sabe), em parte, de fatores sociais (como qualquer um que vive em comunidade sabe) e, ao contrário do que dizem os construcionistas sociais, em parte, da interação com o meio e das propensões inerentes a cada pessoa, como qualquer indivíduo pensante sabe. A individualidade não surgiu do nada, a partir da existência. Como a ideia de liberdade [freedom], ela tem uma longa história social e psicológica.

Deixado a si mesmo, o indivíduo perde os indispensáveis lastros sociais que promovem aquilo que se espera que um anarquista preze na individualidade: os poderes de reflexão, que derivam em grande medida da conversa; o preparo emocional, que alimenta a indignação contra a falta de liberdade [freedom]; a sociabilidade, que motiva o desejo pela transformação radical; o senso de responsabilidade, que produz a ação social.

As teses de Brown têm implicações perturbadoras sobre a ação social. Se a "autonomia" individual suprime qualquer compromisso com uma "coletividade", não há qualquer fundamento para a institucionalização social, para as tomadas de decisão ou mesmo para a coordenação administrativa. Cada indivíduo, autocontrolado por sua própria "autonomia", é livre para fazer tudo aquilo que quiser — supostamente, seguindo a velha fórmula liberal, se isso não impedir a "autonomia" dos outros. Mesmo as tomadas de decisão democráticas são rejeitadas por serem autoritárias. "A regra da democracia continua a ser uma regra", adverte Brown.

Ainda que permita mais participação dos indivíduos no governo do que uma monarquia ou uma ditadura totalitária, ela continua a envolver inerentemente a repressão dos desejos de algumas pessoas. É óbvio que isso está em desacordo com o indivíduo existencial, que deve manter a integridade de seus desejos, para *ser* existencialmente livre.[20]

O desejo individual autônomo é tão transcendental e sagrado, na visão de Brown, que ela cita e endossa a alegação de Peter Marshall que, de acordo com os princípios anarquistas, "a maioria não tem mais o direito de impor à minoria, *mesmo uma minoria composta por uma pessoa*, do que a minoria tem de impor à maioria" (POI, p. 140, grifos meus).

Denegrir os procedimentos racionais, argumentativos e os mecanismos da democracia direta para a tomada de decisões coletiva, colocando-os como "ditadores" e "dominadores", significa conceder a uma minoria de um ego soberano o direito de restringir a decisão da maioria. Porém, permanece o fato de que uma sociedade livre terá de ser democrática, ou não

---

[20]L. Susan Brown. Op. cit., p. 53.

será realmente alcançada. Na própria situação *existencial* de uma sociedade anarquista — uma democracia direta libertária —, as decisões seriam tomadas depois de discussões abertas. Em consequência, a minoria vencida — mesmo que fosse uma minoria de uma só pessoa — teria todas as oportunidades para apresentar argumentos visando mudar a decisão. As tomadas de decisão por consenso, por outro lado, impedem o avanço do *dissenso* — o importantíssimo processo de diálogo contínuo, de discordância, de objeção e de contraobjeção, sem o qual a criatividade social, assim como a criatividade individual, seria impossível.

Na melhor das hipóteses, o consenso assegura que importantes tomadas de decisão serão manipuladas por uma minoria ou fracassarão completamente. E que as decisões tomadas se darão em torno dos menores denominadores comuns entre as opiniões e constituirão o mais baixo nível de criatividade para o acordo. Eu falo com base em vários e dolorosos anos de experiência com a utilização do consenso na Aliança Clamshell, durante a década de 1970. No momento em que este movimento antinuclear quase anarquista estava no auge da luta, com milhares de militantes, ele foi destruído pela manipulação do processo de consenso, levada a cabo por uma minoria. A "tirania da falta de estrutura"[21] que a tomada de decisão por consenso produziu, permitiu que alguns poucos, que estavam bem organizados, controlassem a desajeitada, desinstitucionalizada e bastante desorganizada maioria do movimento.

Nem no meio das discussões e dos brados pelo consenso foi possível que o dissenso existisse e estimulasse, de forma criativa, a discussão, promovendo um desenvolvimento criativo das ideias que poderia trazer novas e promissoras perspectivas. Em qualquer comunidade, o dissenso — e os indivíduos dissidentes — impede que ela estagne. Palavras pejorativas como *ditar* e *dominar* referem-se ao silenciamento de dissidentes, não ao exercício da democracia; ironicamente, é o "desejo geral"

---

[21]Provável referência ao artigo de Jô Freeman, traduzido para o português como "A tirania das organizações sem estrutura". [N. do T.]

pelo consenso que pode, muito bem, na memorável frase de Rousseau no *Contrato social*, "forçar os homens a serem livres".

Longe de ser existencial, ainda que considerando o senso grosseiro da palavra, o "individualismo existencial" de Brown não lida com o indivíduo de maneira histórica. Ela o coloca como uma categoria transcendental, da mesma forma que, nos anos 1970, Robert K. Wolff apresentou os conceitos kantianos sobre o indivíduo, em seu dúbio *Defense of Anarchism*. Os fatores sociais que interagem com o indivíduo para estimular sua vontade e sua criatividade são agrupados com base em abstrações morais transcendentais que, devido à sua vida puramente intelectual, "existem" fora da história e da *práxis*.

Alternando entre o transcendentalismo moral e o positivismo simplista, em sua abordagem das relações entre o indivíduo e o coletivo, a exposição de Brown é tão grosseira quanto uma tentativa de adaptar o criacionismo à evolução. A rica dialética e a ampla história que demonstram como o indivíduo foi, em grande medida, *formado* por um desenvolvimento social e *interagiu com ele*, quase não aparecem em sua obra. Limitada e estritamente analítica em muitas de suas posições, abstratamente moral e até transcendental em suas interpretações, Brown elabora um excelente cenário para uma noção de autonomia que é diametralmente oposta à de liberdade [freedom] social. Com o "indivíduo existencial" de um lado, e uma sociedade que consiste em um "um agrupamento de indivíduos" do outro, o abismo entre a autonomia e a liberdade [freedom] torna-se intransponível.[22]

---

[22]Por fim, Brown equivoca-se na leitura de Bakunin, de Kropotkin e de meus próprios escritos — um erro de leitura que demandaria uma discussão detalhada, visando corrigi-la. Naquilo que me diz respeito, não acredito em "ser humano natural", conforme afirma Brown, e também não compartilho de seu compromisso arcaico com as "leis naturais" (p. 159). O conceito de "lei natural" pode ter sido útil na era das revoluções democráticas do século XVIII, mas é um mito filosófico, cujas premissas morais não possuem mais substância na realidade do que a profunda intuição ecológica do "valor intrínseco". A "segunda natureza" da humanidade (evolução social) transformou de maneira tão ampla a "primeira natureza" (evolução biológica),

MURRAY BOOKCHIN

ANARQUISMO COMO CAOS

Quaisquer que possam ser as preferências de Brown, seu livro reflete e estabelece as premissas para que os anarquistas euro-americanos afastem-se do anarquismo social e aproximem-se do anarquismo individualista ou de estilo de vida. Hoje, o anarquismo de estilo de vida encontra sua principal expressão no *graffiti*, no niilismo pós-modernista, no antirracionalismo, no neoprimitivismo, na antitecnologia, no "terrorismo cultural" neossituacionista, no misticismo e na "prática" de encenação das "insurreições pessoais" foucaultianas.

Essas posturas modernas e vaidosas, quase todas resultado de uma moda *yuppie*, são individualistas principalmente por serem antitéticas ao desenvolvimento de organizações sérias, de uma política radical, de um movimento social comprometido, de coerência teórica e de relevância programática. Mais voltada à busca da "autorrealização" do que das transformações sociais fundamentais, essa tendência entre os anarquistas de estilo de vida é nociva, na medida em que seu "virar-se para dentro", utilizando a expressão de Katinka Matson, reivindica ser política — ainda que isso se assemelhe à "política da experiência" de R. D. Laing. A bandeira negra — que os revolucionários do anarquismo social levantaram nas lutas insurrecionais na Ucrânia e na Espanha — torna-se agora um "sarongue"[25] da moda, para deleite de uma chique pequena burguesia.

Um dos exemplos mais enfadonhos do anarquismo de estilo de vida é a TAZ de Hakim Bey[24] (também conhecido como

que a palavra *natural* deveria ser utilizada com um cuidado maior do que o de Brown. Sua alegação de que eu acredito que a "liberdade [freedom] é inerente à natureza" ignora, grosseiramente, minha distinção entre potencialidade e atualização (p. 160). Para um esclarecimento dessa minha distinção entre a potencialidade para a liberdade [freedom] na evolução natural e sua atualização, ainda incompleta, na evolução social, o leitor deve consultar a segunda edição revisada de meu *The Philosophy of Social Ecology: Essays in Dialectical Naturalism*, 2ª ed., Montreal: Black Rose Books, 1995.

[25]Pano usado como vestuário pelos habitantes da Malaia. [N. do T.]

[24]Edição brasileira: Hakim Bey. TAZ (trad. Renato Rezende e Patricia Decia). São Paulo: Conrad, 2001. [N. do T.]

Peter Lamborn Wilson). *Zona autônoma temporária* é uma joia da New Autonomy Series (a escolha do nome não é acidental), publicada pela pós-modernista Semiotext(e) / Grupo Autonomedia do Brooklin.[25] No meio de sua invocação do "caos", do "amor louco", das "crianças selvagens", do "paganismo", da "sabotagem artística", das "utopias piratas", da "magia negra como ação revolucionária", do "crime" e da "bruxaria", sem falar nos elogios ao "marxismo-stirnerianismo", o chamado à autonomia é levado a um nível tão absurdo, que aparentemente parodia uma ideologia autoabsorvida e autoabsorvente.

TAZ apresenta-se como um estado de espírito, um humor brutalmente antirracional e anticivilizador, no qual a desorganização é compreendida como forma de arte e o *graffitti* toma o lugar dos projetos. Bey (seu pseudônimo é a palavra turca para "chefe" ou "príncipe") não mede palavras em seu desprezo pela revolução social:

Por que a preocupação de confrontar um "poder" que perdeu todo seu significado e tornou-se uma completa simulação? Tais confrontações apenas resultarão em perigos e horrendos espasmos de violência.[26]

Poder entre aspas? Uma mera "simulação"? Se o que acontece na Bósnia com toda aquela potência de fogo é uma mera "simulação", então, realmente, estamos vivendo em um mundo muito seguro e confortável! O leitor preocupado com as crescentes patologias sociais da vida moderna pode confortar-se com o pensamento olímpico de Bey, que enfatiza: "o realismo exige não apenas que desistamos de *esperar* a 'revolução', mas também que desistamos de *desejá-la*" (TAZ, p. 101). Essa passagem nos incita a aproveitar a serenidade do nirvana? Ou uma nova "simulação" baudrillardiana? Ou, talvez, um novo "imaginário" castoriadiano?

[25]Hakim Bey. TAZ: The Temporary Autonomous Zone, Ontological Anarchism, Poetic Terrorism. Nova York: Autonomedia, 1985, 1991. O individualismo de Bey pode muito bem lembrar aquele do final da vida de Fredy Perlman e o de seus acólitos anticivilizatórios e primitivistas da *Fifth Estate* de Detroit, com a exceção de que TAZ, de modo um tanto confuso, clama por um "paleolitismo psíquico baseado na alta tecnologia" (p. 44).

[26]Ibidem, p. 128.

MURRAY BOOKCHIN

Ao eliminar o objetivo revolucionário clássico de transformação da sociedade, Bey zomba daqueles que outrora arriscaram tudo por isso: "O democrata, o socialista, a ideologia racional [...] são surdos para a música e carecem totalmente do senso de ritmo" (TAZ, p. 66). Será mesmo? O próprio Bey e seus coroinhas dominam a fundo os versos e a música da *Marselhesa* e dançam extasiados a *Dança dos marinheiros russos*, de Glière? Há uma fatigante arrogância no repúdio que Bey manifesta pela rica cultura criada pelos revolucionários ao longo dos últimos séculos, na realidade, por trabalhadores comuns que viveram no período pré-rock'n'roll e pré-Woodstock.

Quem adentrar o mundo dos sonhos de Bey deve desistir dessa bobagem de compromisso social. "Um sonho democrático? Um sonho socialista? Impossível", entoa Bey com arrogante certeza. "Em sonho, nada nos governa, a não ser o amor ou a feitiçaria" (TAZ, p. 64). Assim, os sonhos de um novo mundo evocados ao longo dos séculos por idealistas, e que tomaram corpo em grandes revoluções, são, de maneira magistral, reduzidos por Bey à sabedoria de seu próprio mundo de sonhos febris.

Quanto a um anarquismo "completamente coberto com o humanismo ético, o pensamento livre, o ateísmo muscular e a rude lógica cartesiana fundamentalista" (TAZ, p. 52) — esqueça! Bey não apenas desdenha da tradição iluminista, na qual o anarquismo, o socialismo e o movimento revolucionário estiveram outrora radicados, mas também mistura a "lógica cartesiana fundamentalista" com o "pensamento livre" e o "humanismo", como se estes fossem conceitos substituíveis um pelo outro, ou que, necessariamente, um implicasse o outro.

Ainda que Bey nunca hesite em emitir pronunciamentos olímpicos e levantar polêmicas petulantes, ele diz não ter paciência para "os barulhentos ideólogos do anarquismo e do libertarianismo" (TAZ, p. 46). Proclamando que a "anarquia não conhece dogmas" (TAZ, p. 52), Bey, entretanto, faz seus leitores chafurdarem sob o peso de um severo dogma: "Anarquismo, em última análise, implica a anarquia — e a anarquia é o caos" (TAZ, p. 64). Assim disse o Senhor: "Eu sou aquele que é" — e Moisés tremeu diante da palavra!

Na realidade, em um acesso maníaco de narcisismo, Bey determina que ele é o que tudo tem, o gigantesco "eu", o grande "eu" soberano: "cada um de nós determina nossa própria humanidade, nossa própria criação — e tudo o mais que quisermos agarrar e absorver." Para Bey, anarquistas e reis — e também os *beys* — tornam-se indistinguíveis, visto que todos são autarcas.

Nossas ações são justificadas por decreto e nossas relações são moldadas por tratados estabelecidos com outros autarcas. Nós fazemos a lei para os nossos próprios domínios — e os grilhões da lei foram quebrados. No momento, talvez sobrevivamos como meros fingidores — mas, mesmo assim, podemos aproveitar alguns poucos instantes, uns poucos metros quadrados de realidade sobre a qual impomos nosso absoluto desejo, nosso *royaume*. *L'etat, c'est moi...*[27] Se somos limitados por qualquer ética ou moralidade, elas devem ter sido imaginadas por nós mesmos.[28]

L'Etat, c'est moi? Além dos *beys*, posso pensar em pelo menos duas outras pessoas do século xx que desfrutaram dessas ambiciosas prerrogativas: Josef Stalin e Adolf Hitler. A maioria de nós mortais, sem distinção entre ricos e pobres, como colocou uma vez Anatole France, é proibida, da mesma maneira, de dormir sob as pontes do Sena. Na realidade, se *Sobre a autoridade*, de Friedrich Engels, com sua defesa da hierarquia, representa uma forma burguesa de socialismo, TAZ e suas ramificações representam uma forma burguesa de anarquismo. "Não há transformação", nos diz Bey,

não há revolução, luta, caminho; [se] você já é o seu próprio monarca — sua inviolável liberdade aguarda ser completada apenas pelo amor de outros monarcas: uma política do sonho, indispensável como o azul do céu.[29]

Palavras que poderiam ser inscritas na Bolsa de Valores

[27]*Royaume*: reino, em francês no original. *L'etat, c'est moi*: eu sou o Estado, em francês no original. [N. do T.]

[28]Hakim Bey. Op. cit., p. 67.

[29]Ibidem, p. 4.

de Nova York como uma crença no egoísmo e na indiferença social.

É certo que essa posição não terá muito mais objeções nas butiques da "cultura" capitalista do que as barbas, os cabelos compridos e os jeans tiveram no mundo empresarial da alta moda. Infelizmente, muitas pessoas neste mundo — e não "simulações" ou "sonhos" — *não* possuem nem sequer a si mesmas, como atestam, no mais concreto dos termos, os prisioneiros que são forçados a trabalhar e as prisões. Ninguém jamais pairou fora da miséria terrestre, em "uma política dos sonhos", exceto os privilegiados pequeno-burgueses, que devem levar a sério os manifestos de Bey, em especial nos momentos de tédio.

Para Bey, mesmo as insurreições revolucionárias clássicas mostram pouco mais do que uma euforia pessoal, perfumada com as "experiências-limite" de Foucault. "Uma revolta é como uma 'experiência máxima'", declara ele (TAZ, p. 100). Historicamente, "alguns anarquistas [...] participaram de diversas revoltas e revoluções, mesmo naquelas comunistas e socialistas", mas isso aconteceu

porque eles encontraram no próprio momento da insurreição o tipo de liberdade que buscavam. Assim, ao passo que o utopismo vem fracassando constantemente, os anarquistas individualistas ou existencialistas vêm tendo êxito, visto que têm conseguido (ainda que brevemente) a realização de sua vontade de poder na guerra.[30]

O levante dos trabalhadores austríacos em fevereiro de 1934 e a Guerra Civil Espanhola em 1936, posso afirmar, foram mais do que orgiásticos "momentos de insurreição". Foram lutas severas, levadas a cabo com desesperada seriedade e magnífico ímpeto, ainda que ambas tenham sido epifanias estéticas.

Contudo, a insurreição torna-se, para Bey, pouco mais do que uma "viagem" psicodélica, e o super-homem de Nietzsche, o qual ele aprova, constitui um "espírito livre" que iria "desdenhar da perda de tempo com agitações por reformas, com protestos, com sonhos visionários e com todo tipo de 'martírio

[30]Ibidem, p. 88.

ANARQUISMO SOCIAL OU ANARQUISMO DE ESTILO DE VIDA

72 | revolucionário"'. Aparentemente, os sonhos são admissíveis, desde que não sejam "visionários" (leia-se: comprometidos socialmente). Bey tem outras preferências: "beberia vinho" e atingiria uma "epifania privada" (TAZ, p. 88), o que sugere algo não muito distinto da masturbação mental, certamente libertada da coação da lógica cartesiana.

Não nos deveria surpreender o fato de Bey endossar as ideias de Max Stirner, que "não se compromete com a metafísica, ainda que conceda ao único (ou seja, o ego) um certo poder absoluto" (TAZ, p. 68). Na verdade, Bey constata que existe um "ingrediente faltante em Stirner": "um conceito funcional de consciência não ordinária" (TAZ, p. 68). Tudo indica que Stirner é racionalista demais para Bey.

O Oriente, o oculto, as culturas tribais possuem técnicas que podem ser "apropriadas" à verdadeira moda anarquista. [...] Precisamos de um tipo prático de "anarquismo místico", [...] uma democratização do xamanismo, embriagado e sereno.[31]

Por isso, Bey conclama seus discípulos a tornarem-se "feiticeiros" e sugere que utilizem a "maldição malaia do djinn negro".

O que, afinal, é uma "zona autônoma temporária"?

A TAZ é um tipo de rebelião que não confronta o Estado diretamente, uma operação de guerrilha que libera uma área (de terra, de tempo, de imaginação) e dissolve-se para se refazer, em outro lugar e outro momento, *antes* que o Estado possa esmagá-la.[32]

Em uma TAZ, podemos "realizar muitos dos nossos verdadeiros desejos, mesmo que apenas por uma temporada, uma breve utopia pirata, uma zona livre no velho contínuo tempo/espaço" (TAZ, p. 62). "TAZs em potencial" incluem "a 'reunião tribal' dos anos 60, o conclave florestal de ecossabotadores, o Beltane[33] idílico dos neopagãos, as conferências anarquistas, as festas gays", isto sem falar nas "casas noturnas, banquetes" e

[31]Ibidem, p. 63.
[32]Ibidem, p. 101.
[33]Maio, em irlandês antigo, mês da primavera celebrado pelos celtas. [N. do T.]

MURRAY BOOKCHIN

nos "piqueniques dos antigos libertários" — nada menos (TAZ, | 73
p. 100). Eu, como membro da Libertarian League dos anos
1960, adoraria ver Bey e seus discípulos aparecerem em um
"piquenique dos antigos libertários"!

A TAZ é tão passageira, tão evanescente, tão inefável — em
contraste com o Estado e com a burguesia, que são tão estáveis
— de maneira que "assim que a TAZ é nomeada [...] ela deve
desaparecer, ela *vai* desaparecer [...] e brotará de novo em
outro lugar" (TAZ, p. 101). A TAZ, portanto, não é uma revolta,
mas uma simulação, uma insurreição igualmente vivida na
imaginação de um cérebro juvenil, uma retirada segura para a
irrealidade. Certamente, declama Bey: "Nós a recomendamos
[a TAZ], pois ela pode fornecer a qualidade do enlevamento,
sem necessariamente[!] levar à violência e ao martírio" (TAZ,
p. 101). Mais precisamente um *happening* de Andy Warhol, a
TAZ é um evento passageiro, um orgasmo momentâneo, uma
expressão fugaz da "força de vontade" que é, na realidade, uma
evidente impotência em relação à sua capacidade de deixar
qualquer marca na personalidade, na subjetividade ou mesmo
na autoformação do indivíduo, impotência ainda maior para a
modificação dos fatos ou da realidade.

Dada a evanescente qualidade de uma TAZ, os discípulos
de Bey podem aproveitar o privilégio passageiro de viver uma
"vida nômade", visto que "'não ter teto' pode, num certo sentido,
ser uma virtude, uma aventura" (TAZ, p. 130). Infelizmente,
"não ter teto" pode ser uma "aventura" quando se tem um confortável lar para o qual retornar. E nesse sentido, o nomadismo
é um típico luxo daqueles que podem viver sem trabalhar para
seu sustento. A maioria dos sem-teto "nômades", dos quais
me lembro bem na época da Grande Depressão, tinha vidas
sofridas, desesperando-se por conta da fome, das doenças e
da indignidade, e morrendo diversas vezes prematuramente —
como ainda hoje acontece nas ruas das cidades da América. Os
poucos ciganos que parecem gostar da "vida na estrada" são, na
melhor das hipóteses, idiossincráticos e, na pior, tragicamente
neuróticos. Também não posso ignorar outra "insurreição"
defendida por Bey: em especial, o "analfabetismo voluntário"

ANARQUISMO SOCIAL OU ANARQUISMO DE ESTILO DE VIDA

74 | (TAZ, p. 129). Embora ele o promova como uma revolta contra o sistema educacional, seu efeito mais desejável talvez seja, realmente, tornar suas injunções *ex cathedra* inacessíveis a seus leitores.

Talvez não haja descrição melhor da mensagem de TAZ do que aquela que foi publicada na *Whole Earth Review*, na qual o autor enfatiza que o panfleto de Bey está "rapidamente se tornando a bíblia da contracultura dos anos 1990 [...]. Ainda que muitos conceitos de Bey tenham afinidade com as doutrinas do anarquismo", a *Review* declara a sua clientela de *yuppies* que ele

intencionalmente abandona a tradicional retórica de derrubar o governo. Em vez disso, ele prefere a natureza mercurial das "revoltas", que proporcionariam "momentos de intensidade [que poderiam] dar forma e significado à totalidade da vida". Esses pequenos espaços de liberdade, ou zonas autônomas temporárias, possibilitam ao *indivíduo* esquivar-se das esquemáticas grades do *big government*[34] e ocasionalmente viver em locais onde se possa experimentar, *brevemente*, a liberdade *total*. (Grifos meus)[35]

Há uma palavra iídiche intraduzível para tudo isso: *nebbich*! Durante os anos 1960, o grupo de afinidades Up Against the Wall Motherfuckers propagou esses mesmos elementos de confusão, desorganização e "terrorismo cultural", e logo em seguida desapareceu da cena política. Na realidade, alguns de seus membros entraram para o mundo comercial, profissional e de classe média, que outrora desprezavam. Comportamento este que não é exclusivamente americano. Assim como um francês, "veterano" do Maio-Junho de 1968, cinicamente colocou: "Tivemos nossa diversão em 68 e agora é hora de crescer". O mesmo ciclo mortal, com "As" circulados, repetiu-se durante uma revolta individualista de jovens de Zurich, em 1984, que terminou com a criação do Needle Park, um local para utilização de cocaína e crack estabelecido pelas autoridades

---

[34]Termo usado nos Estados Unidos para descrever a política do Estado forte e grande. [N. do T.]

[35]"TAZ". In: *The Whole Earth Review*, 1994, p. 61.

municipais, permitindo que os jovens viciados destruíssem a si mesmos dentro da lei.

A burguesia realmente não tinha motivos para temer essas declamações de estilo de vida. Com a sua aversão pelas instituições, pelas organizações de massas, com sua orientação em grande medida subcultural, sua decadência moral, sua celebração da transitoriedade e sua rejeição dos programas, esse tipo de anarquismo narcisista é socialmente inócuo e, com frequência, apenas uma válvula de escape segura para o descontentamento com a ordem social dominante. Com Bey, o anarquismo de estilo de vida foge de toda militância social significativa e do firme compromisso com os projetos duradouros e criativos, dissolvendo-se nas queixas, no niilismo pós-modernista e em um confuso sentido nietzschiano de superioridade elitista.

O anarquismo pagará caro se permitir que este absurdo substitua os antigos ideais libertários. O anarquismo egocêntrico de Bey — com sua reivindicação pós-modernista da "autonomia" individual, das "experiências-limite" foucaultianas e do êxtase neossituacionista — ameaça tornar o *anarquismo* inofensivo, em termos políticos e sociais, transformando-o em um simples modismo para o gozo de pequeno-burgueses de todas as idades.

ANARQUISMO MÍSTICO OU IRRACIONALISTA

A TAZ de Bey não está sozinha em sua atração pela magia e até pelo misticismo. Com sua mentalidade edênica, muitos anarquistas de estilo de vida afeiçoam-se, com facilidade, ao antirracionalismo em suas formas mais atávicas. Consideremos o artigo "The Appeal of Anarchy", que ocupa uma página inteira de um número recente da *Fifth Estate* (verão de 1989). "A anarquia", lemos, reconhece "a *iminência da libertação total* [nada menos!] e como um sinal de sua liberdade, a nudez em seus ritos". Entregue-se "à dança, ao canto, ao riso, aos banquetes, ao jogo", ordenam-nos — e, exceto um pedante mumificado, quem se manifestaria contra esses deleites rabelaisianos?

ANARQUISMO SOCIAL OU ANARQUISMO DE ESTILO DE VIDA

Porém, infelizmente há um empecilho. A Abadia de Thélème de Rabelais,[36] que *Fifth Estate* parece imitar, era repleta de empregados, cozinheiros, cavalariços e artesãos, e sem seu duro trabalho os aristocratas autoindulgentes, com sua utopia claramente elitista, teriam passado fome e amontoado-se nus nas diferentes e frias salas da Abadia. Na verdade, é possível que esse "Appeal of Anarchy" da *Fifth Estate* tenha em mente uma versão materialmente mais simples da Abadia de Thélème: seus "banquetes" devem referir-se mais a tofu e arroz do que a perdizes recheadas e saborosas trufas. Porém, *mesmo assim* — sem maiores avanços tecnológicos para libertar as pessoas do trabalho árduo, ainda que seja para que tenham arroz e tofu à mesa —, como uma sociedade baseada neste tipo de anarquia espera "abolir toda autoridade", "compartilhar coisas", e que as pessoas banqueteiem e corram nuas, dançando e cantando?

Esta questão é particularmente relevante para o grupo da *Fifth Estate*. O que pode ser visto no periódico é o culto anticivilizador, antitecnológico, pré-racional e primitivista, presente na essência de seus artigos. Assim, o "Appeal" da *Fifth Estate* convida os anarquistas a "lançarem-se no círculo mágico, entrarem no transe do êxtase, divertirem-se na magia que dissipa todo poder" — justamente as técnicas mágicas que os xamãs (que pelo menos um de seus escritores reivindica) da sociedade tribal, sem falar nos sacerdotes das sociedades mais desenvolvidas, costumam usar há séculos para elevar-se à posição de hierarcas, contra as quais a razão teve de lutar muito para libertar a mente humana das mistificações por ela criadas. "Dissipar todo poder"? Novamente, há aqui um toque de Foucault, que, como sempre, nega a necessidade de estabelecer instituições autogeridas empoderadas, capazes de se contrapôr ao poder real das instituições capitalistas e hierárquicas — para a verdadeira criação de uma sociedade em que o desejo e o êxtase possam concretizar-se genuinamente, nos marcos de um comunismo libertário.

---

[36]Abadia da obra de François Rabelais, *Gargantua*. [N. do T.]

O louvor à "anarquia", ilusoriamente "extático" e privado de | 77
conteúdo social, da *Fifth Estate* — desconsiderando toda sua
retórica —, poderia, com facilidade, aparecer em um cartaz
nas paredes de uma butique chique, ou no verso de um cartão
de festas. Amigos que visitaram Nova York recentemente me
disseram que, de fato, existe um restaurante com toalhas de
linho, pratos caros e clientela *yuppie*, no St. Mark's Place, Lower
East Side — uma trincheira dos anos 1960 —, chamado Anarchy.
Esse comedouro da pequena burguesia da cidade ostenta uma
reprodução do famoso mural italiano *Il Quarto Stato* (1901),
de Giuseppe Pellizza da Volpedo, que mostra os trabalhadores
insurretos do *fin de siècle* marchando combativamente contra
chefes, ou talvez uma delegacia de polícia, que não aparecem na
gravura. O anarquismo de estilo de vida, pelo visto, pode vir a
ser, cada vez mais, uma sensibilidade na escolha do consumidor.
O restaurante, disseram-me, tem seguranças; deve ser para
afastar do local as pessoas que aparecem estampadas na parede.

Seguro, privativo, hedonista e até mesmo aconchegante, o
anarquismo de estilo de vida pode perfeitamente produzir a
verborreia necessária para apimentar as vidas burguesas triviais
de rabelaisianos tímidos. Como a "arte situacionista", que o MIT
exibiu para deleite da vanguarda da pequena burguesia alguns
anos atrás, isso oferece pouco mais do que uma imagem terri-
velmente "ruim" do anarquismo — ouso dizer, um simulacro —
como todas aquelas que foram forjadas de leste a oeste nos EUA.
A indústria do êxtase, no que lhe diz respeito, vai muito bem
sob o capitalismo contemporâneo e poderia, facilmente, absorver as técnicas dos anarquistas de estilo de vida para evidenciar
uma imagem vendável de desobediência. A contracultura, que
outrora chocou a pequena burguesia com seus cabelos longos,
barbas, roupas, liberdade sexual e arte, foi ofuscada há tempos
por empresários burgueses cujos cafés, butiques, clubes e até
campos de nudismo estão se tornando prósperos negócios, conforme testemunham os excitantes anúncios de novos "êxtases"
no *Village Voice*[37] e nos periódicos similares.

[37]Principal agenda cultural de Nova York. [N. do T.]

ANARQUISMO SOCIAL OU ANARQUISMO DE ESTILO DE VIDA

78   Os sentimentos brutalmente antirracionais da *Fifth Estate* têm implicações muito problemáticas. Sua celebração visceral da imaginação, do êxtase e da "primalidade" evidentemente impugnam não apenas a eficiência racionalista, mas a própria razão enquanto tal. A capa da edição do outono/inverno de 1993 exibe o famoso e mal-entendido *Capricho* nº 43, de Francisco Goya, "El sueño de la razón produce monstruos" (O sono da razão produz monstros). A pessoa adormecida da imagem de Goya aparece debruçada em uma mesa diante de um computador Apple. A tradução para o inglês da legenda de Goya, elaborada pela *Fifth Estate*, coloca: "O *sonho* da razão produz monstros", sugerindo que os monstros são produtos da própria razão. Na realidade, Goya quis dizer, como suas próprias notas indicam, que os monstros na gravura são produzidos pelo *sono*, e não pelo *sonho*, da razão. Como ele mesmo escreveu: "A fantasia abandonada pela razão produz monstros impossíveis; unida a ela, é a mãe das artes e a origem das maravilhas".[38] Ao desconsiderar a razão, este incerto periódico anarquista entra em concordância com alguns dos mais sinistros aspectos da reação neo-heideggeriana de hoje em dia.

CONTRA TECNOLOGIA E CIVILIZAÇÃO

Ainda mais problemáticos são os escritos de George Bradford (também conhecido como David Watson), um dos maiores teóricos da *Fifth Estate*, sobre os horrores da tecnologia — aparentemente da tecnologia *como tal*. A tecnologia, ao que parece, determinaria as relações sociais ao invés do oposto, uma noção que se aproxima mais estritamente do marxismo do que da ecologia social. "A tecnologia não é um projeto isolado, nem mesmo uma acumulação de conhecimento técnico", nos diz Bradford em "Stopping the Industrial Hydra" (sih),

que é determinado por uma esfera de alguma forma separada e mais fundamental das "relações sociais". As técnicas de massa tornaram--se, nas palavras de Langdon Winner, "estruturas cujas condições de

[38]Cf. Jose Lopez-Rey. *Goya's Capriccios: Beauty, Reason and Caricature*, vol. 1. Priceton: Priceton University Press, 1953, pp. 80–81.

MURRAY BOOKCHIN

funcionamento exigem a reestruturação de seus ambientes", e, deste modo, das verdadeiras relações sociais que as envolvem. As técnicas de massa — produtos de formas mais antigas e de hierarquias arcaicas — têm superado as condições que as criaram, adquirindo uma vida autônoma. [...] Elas promovem, ou têm se tornado, um tipo de ambiente total e de sistema social, tanto em seus aspectos gerais, quanto individuais e subjetivos. [...] Em tal pirâmide mecânica [...] as relações instrumentais e sociais são a mesma coisa.[39]

Esta medíocre ideia ignora, confortavelmente, as relações capitalistas que determinam, ostensivamente, *como* a tecnologia será utilizada e enfatiza aquilo que a tecnologia supostamente *é*. Desconsiderando absolutamente as relações sociais — em vez de enfatizar o importantíssimo processo produtivo para o qual a tecnologia é *utilizada* —, Bradford dá às máquinas e às "técnicas de massa" uma autonomia mística e, assim como a hipostasia stalinista da tecnologia, serve para fins extremamente reacionários. A ideia de que a tecnologia tem vida própria está muito arraigada no romantismo conservador alemão do século XIX e nos escritos de Martin Heidegger e Friedrich Georg Jünger, que alimentaram a ideologia nacional-socialista, por mais que os nazistas exaltassem sua ideologia antitecnológica.

Vista em termos da ideologia contemporânea de nosso tempo, esta bagagem ideológica é caracterizada pela reivindicação, tão comum, de que as máquinas automatizadas desenvolvidas recentemente, de várias maneiras, custam às pessoas seus empregos ou intensificam sua exploração — ambos são, sem dúvidas, fatos, mas que estão vinculados *necessariamente às relações sociais da exploração capitalista*, e não aos avanços tecnológicos em si mesmos. Indo direto ao ponto: as demissões hoje não estão sendo levadas a cabo pelas máquinas, mas por burgueses avarentos que *utilizam* as máquinas para substituir a mão de obra humana ou para explorá-la mais intensamente.[40]

[39]George Bradford. "Stopping the Industrial Hydra: Revolution Against the Megamachine". In: *The Fifth Estate*, vol. 24, núm. 3, 1990, p. 10.

[40]O deslocamento do foco do capitalismo para a máquina, e portanto o desvio da atenção do leitor das relevantes relações sociais que determinam o uso da tecnologia para a tecnologia em si, aparece em praticamente toda

ANARQUISMO SOCIAL OU ANARQUISMO DE ESTILO DE VIDA

80   Na realidade, as mesmas máquinas que os burgueses utilizam para reduzir "custos do trabalho" poderiam, em uma sociedade racional, libertar os seres humanos dos trabalhos pesados e estúpidos, possibilitando as atividades criativas e pessoalmente gratificantes.

Não há evidência de que Bradford esteja familiarizado com Heidegger ou Jünger; ele parece inspirar-se em Langdon Winner e Jacques Ellul, o qual é endossado por Bradford:

É a coerência tecnológica que cria a coerência social. [...] A tecnologia é, em si mesma, não só um meio, mas um universo de meios — no sentido original de *Universum*: tanto exclusivo como total.[41]

Em *The Technological Society*, seu livro mais conhecido, Ellul desenvolveu a dura tese de que o mundo e nossas formas de pensar sobre ele são moldados pelas ferramentas e máquinas (*la technique*). Sem qualquer explicação social de como essa "sociedade tecnológica" surgiu, o livro de Ellul conclui sem dar esperanças, e muito menos oferecer alguma abordagem que redima a humanidade de sua completa absorção pela *technique*. Em verdade, até um humanismo que queira dominar a tecnologia para satisfazer as necessidades humanas ficaria reduzido, do seu ponto de vista, a uma "piedosa esperança, sem qualquer chance de influenciar a evolução tecnológica".[42] A partir dessa visão tão determinista de mundo, surge sua lógica conclusão.

Felizmente, Bradford nos dá uma solução: "começar imediatamente a desmantelar toda a máquina" (SIH, p. 10). E ele não tolera o compromisso com a civilização, repetindo todos os clichês anticivilizadores, antitecnológicos e quase místicos, que

a literatura antitecnológica dos séculos XIX e XX. Jünger fala em nome de quase todos os autores do gênero ao observar que "o progresso da técnica aumentou, de forma constante, a quantidade total de trabalho, e é por isso que o desemprego espalha-se tanto, quando as crises e as perturbações afligem a organização do trabalho mecânico". Cf. Friedrich Georg Jünger. *The Failure of Technology*. Chicago: Henry Regnery Company, 1956, p. 7.

[41]George Bradford. Op. cit., p. 10.

[42]Jacques Ellul. *The Technological Society*. Nova York: Vintage Books, 1964, p. 430.

MURRAY BOOKCHIN

aparecem em certos cultos ambientais da *new age*. A civilização | 81
moderna, nos diz ele, é "uma matriz de forças", incluindo

relações de consumo (*commodity relations*), comunicações de massa, urbanização e técnicas de massa, junto com [...] Estados interdependentes, rivais nucleares e cibernéticos, convergindo todos para uma "megamáquina global".[43]

As "relações de consumo", observa ele em seu artigo "Civilization in Bulk" (CIB), são apenas *parte* dessa "matriz de forças", na qual a civilização é "uma máquina" que vem sendo um "campo de trabalho de suas origens", uma "rígida pirâmide de hierarquias incrustadas", "uma grade expandindo o território do inorgânico" e "uma progressão linear que vai desde o roubo do fogo de Prometeu até o Fundo Monetário Internacional".[44] Por isso, Bradford reprova o fútil livro de Monica Sjöo e Barbara Mor, *The Great Cosmic Mother: Rediscovering the Religion of the Earth* — não pelo seu teísmo atávico e regressivo, mas pelo motivo de as autoras colocarem a palavra *civilização* entre aspas —, uma prática que "reflete a tendência deste fascinante[!] livro em querer colocar uma perspectiva contrária ou alternativa à civilização em vez de questionar suas premissas" (CIB, nota 23). Supostamente, é Prometeu que deve ser condenado, não essas duas mães Terra, cuja relação com as divindades ctônicas, por todo seu compromisso com a civilização, é "fascinante".

Nenhuma referência à megamáquina seria de fato completa, sem citação do lamento de Lewis Mumford sobre seus efeitos sociais. Na realidade, vale notar que tais comentários normalmente conferiram um falso sentido às intenções de Mumford. Mumford não era contrário à tecnologia, assim como Bradford e outros querem nos fazer acreditar; nem era, em qualquer sentido da palavra, um místico, cujo gosto combinaria com o primitivismo anticivilização de Bradford. Sobre esse assunto, posso falar por conhecimento próprio dos pontos de vista de Mumford, quando estivemos participando de uma conferência na Universidade da Pensilvânia, por volta de 1972.

[43]George Bradford. Op. cit., p. 20.
[44]Idem. "Civilization in Bulk". In: *The Fifth Estate*, 1991, p. 12.

ANARQUISMO SOCIAL OU ANARQUISMO DE ESTILO DE VIDA

Retomando seus escritos como *Technics and Civilization* (TAC), o qual é citado pelo próprio Bradford, veremos que Mumford sofre para descrever favoravelmente os "instrumentos mecânicos" como "potenciais veículos de propósitos humanos racionais".[45] Relembrando, com frequência, seu leitor de que as máquinas vêm dos seres humanos, Mumford enfatiza que a máquina é "a projeção de uma faceta particular da personalidade humana" (TAC, p. 317). Na realidade, uma de suas principais funções é dispersar o impacto da superstição na mente humana. Assim:

No passado, os aspectos irracionais e demoníacos da vida invadiram esferas às quais não pertenciam. Foi um avanço descobrir que as bactérias, e não os duendes, são responsáveis por coalhar o leite, e que o motor refrigerado era mais efetivo do que um cabo de vassoura de bruxa, para os transportes de longa distância [...]. A ciência e a técnica fortaleceram nosso moral: por sua própria austeridade e abnegação, elas [...] desprezam os medos, as suposições e as afirmações infantis.[46]

Esta abordagem dos escritos de Mumford tem sido completamente negligenciada pelos primitivistas — em especial, sua crença de que a máquina fez a "contribuição suprema" de promover "a técnica da ação e do pensamento cooperativos". Mumford nem hesita em louvar

a excelência estética do formato da máquina, [...] sobretudo, talvez, uma personalidade mais objetiva que ganhou vida por meio de relações mais sensíveis e compreensivas com esses novos instrumentos sociais e por meio de sua assimilação cultural deliberada.[47]

Na realidade, "a técnica de criar um mundo neutro dos fatos, distinguindo-o dos dados brutos da experiência imediata, foi a grande contribuição geral da ciência analítica moderna" (TAC, p. 361).

Longe de compartilhar com o primitivismo explícito de

---

[45]Lewis Mumford. *Technics and Civilization*. Nova York e Burlingame: Harcourt Brace & World, 1963, p. 301.

[46]Ibidem, p. 324.

[47]Ibidem.

MURRAY BOOKCHIN

Bradford, Mumford criticou com ênfase aqueles que rejeitam completamente as máquinas, e considerou o "retorno ao absoluto primitivo" como uma "adaptação neurótica" à própria megamáquina (TAC, p. 302), na realidade, uma catástrofe. "Mais desastrosa do que qualquer destruição física das máquinas feita pelos bárbaros é a sua ameaça de acabar com a força motriz humana, ou mesmo de de modificá-la", observou ele no mais severo dos termos, "desencorajando os processos cooperativos de pensamento e a pesquisa desinteressada, que são responsáveis pelas nossas maiores realizações técnicas" (TAC, p. 302). E colocou: "Devemos abandonar nossos fúteis e lamentáveis embustes de resistir à máquina, buscando evitar uma volta à selvageria" (TAC, p. 319).

Seus trabalhos posteriores também não revelam qualquer evidência de que ele tenha modificado esse ponto de vista. Ironicamente, ele desdenhou das performances e das perspectivas do Living Theater, com relação ao "Outlaw Territory" das gangues de motociclistas, colocando-as como "barbarismo", e também criticou Woodstock, colocando-o como uma "mobilização de massas da juventude" que "não oferece ameaças à atual cultura de massas, que não tem personalidade e é supercontrolada".[48]

Em suas posições, Mumford não defende a "megamáquina" e nem o primitivismo (o "orgânico"), mas a sofisticação da tecnologia a partir de linhas democráticas e humanamente determinadas. "Nossa capacidade de ir *além* da máquina (para uma nova síntese) está baseada em nosso poder de *assimilar* a máquina", observou ele em *Technics and Civilization*. Até que tenhamos *absorvido* as lições da objetividade, da impessoalidade, da neutralidade e do reino mecânico, não poderemos aprofun-

---

[48]Idem. *The Pentagon of Power*, vol. 2. Nova York: Harcourt Brace Jovanovich, 1970, legendas das ilustrações 13 e 26. Esta obra em dois volumes tem sido, com frequência, mal-interpretada ao ser entendida como um ataque à tecnologia, à racionalidade e à ciência. Na verdade, conforme indicado em seu prólogo, a obra contrapõe a megamáquina, como modo de organizar o trabalho humano — e, sim, as relações sociais — às conquistas da ciência e da tecnologia, as quais Mumford normalmente aprovava, colocando-as no mesmo contexto social que é subestimado por Bradford.

ANARQUISMO SOCIAL OU ANARQUISMO DE ESTILO DE VIDA

84 | dar nosso desenvolvimento rumo ao mais magnífico orgânico e ao mais profundo humano" (TAC, p. 363, grifos meus). A denúncia da tecnologia e da civilização, como se elas oprimissem inerentemente a humanidade, na realidade, serve para *encobrir* as relações sociais específicas que privilegiam os exploradores em relação aos explorados e aqueles que são hierarquicamente superiores em relação a seus subordinados. Mais do que qualquer sociedade opressora no passado, o capitalismo concebe sua exploração da humanidade sob uma máscara de "fetiches", para utilizar a terminologia de Marx em *O capital*, sobretudo, o "fetichismo da mercadoria", que tem sido adornado diferente e superficialmente pelos situacionistas, que o consideram um "espetáculo", e também por Baudrillard, que o considera um "simulacro". Assim como a apropriação do valor excedente realizada pela burguesia é encoberta pela troca contratual de salário por força de trabalho, igual apenas em aparência, a fetichização da mercadoria e de seus movimentos escondem as relações sociais e econômicas soberanas do capitalismo.

Há um ponto importante, e até mesmo crucial, que deve ser colocado aqui. Esta falta de evidência das relações do capitalismo faz com que o público não perceba que a competição capitalista é a causa das crises de nosso tempo. A essas mistificações, os antitecnológicos e os anticivilizadores adicionam o mito de que a tecnologia e a civilização são inerentemente opressoras, e, com isso, encobrem ainda mais as relações sociais específicas do capitalismo — principalmente a utilização de coisas (mercadorias, valores de troca, objetos — use o termo que quiser) para mediar as relações sociais e para produzir o panorama tecnourbano de nossa época. Assim como a substituição do termo capitalismo por "sociedade industrial" encobre o papel específico e principal do capital e das relações mercantilizadas na formação da sociedade moderna, a substituição de relações pessoais por "cultura tecnourbana", no que Bradford engaja-se abertamente, encobre o papel fundamental do mercado e da competição na formação da cultura moderna. O anarquismo de estilo de vida, em grande medida por

MURRAY BOOKCHIN

estar preocupado com um "estilo", e não com a sociedade, esca- | 85
moteia o papel da acumulação capitalista, a qual possui suas
raízes no mercado competitivo que gera a devastação ecológica.
Ele observa, transpassado, uma suposta quebra da unidade
"sagrada" ou "extática" entre a humanidade e a "natureza", e
o "desencantamento do mundo" realizado pela ciência, pelo
materialismo e pelo "logocentrismo".

Dessa forma, em vez de descobrir as fontes das patologias
pessoais e sociais contemporâneas, a antitecnologia substitui,
ilusoriamente, o capitalismo pela tecnologia, algo que *facilita* a
acumulação de capital e a exploração do trabalho, causas evi-
dentes do crescimento e da destruição ecológica. A civilização,
representada pela cidade como um centro de cultura, é des-
pida de suas dimensões racionais. Como se a cidade fosse um
câncer que não diminui, e não a esfera com potencial para a
universalização das relações humanas, em forte contraste com
as limitações paroquiais da vida que se dão nas tribos ou nas aldeias. As relações sociais básicas da exploração e da dominação
capitalista são ofuscadas por generalizações metafísicas sobre
o ego e a *technique*, confundindo o público no que diz respeito
às causas fundamentais das crises sociais e ecológicas — as relações mercantilizadas que dão origem aos agentes corporativos
do poder, da indústria e da riqueza.

Isso não significa negar que muitas tecnologias são domi-
nantes em essência e ecologicamente perigosas, ou afirmar que
a civilização tem sido uma bênção perfeita. Os reatores nucleares, as grandes barragens, os complexos industriais altamente
centralizados, o sistema de fábricas e a indústria de armas —
assim como a burocracia, a destruição causada pelas cidades e
a mídia contemporânea — têm sido nocivos, quase que desde
seu princípio. Porém, os séculos XVIII e XIX não precisaram da
máquina a vapor, da fabricação em larga escala, das imensas
cidades e das gigantescas burocracias para devastar enormes
áreas da América do Norte, praticamente acabar com seus nativos e para erodir o solo de regiões inteiras. Antes das ferrovias
terem chegado a todas as partes da Terra, boa parte dessa devastação já tinha sido levada a cabo, com a utilização de simples

ANARQUISMO SOCIAL OU ANARQUISMO DE ESTILO DE VIDA

machados, mosquetes de pólvora negra, veículos puxados a cavalo e arados.

Foram estas simples tecnologias que a empresa burguesa — as dimensões bárbaras da civilização do século XIX — utilizou para transformar grande parte do vale do Ohio River em local de especulação imobiliária. No sul, os proprietários precisavam de "mãos" escravas, em grande medida, porque a maquinaria para plantar e colher não existia; na realidade, os arrendatários americanos desapareceram durante as duas últimas gerações, principalmente, por conta da introdução da nova maquinaria que visava substituir o trabalho dos meeiros negros "libertos". No século XIX, camponeses da Europa semifeudal, seguindo rios e canais, lançaram-se na selva americana e, por meio de métodos não ecológicos, começaram a produzir os grãos, o que acabaria impulsionando o capitalismo americano para a hegemonia econômica do mundo.

Indo direto ao ponto: foi o capitalismo — a relação de *mercadoria* completamente expandida em termos históricos — que produziu a crise ambiental explosiva dos tempos modernos, começando com as antigas mercadorias caseiras, que eram transportadas para o mundo todo em embarcações a vela, locomovidas pela força do vento e não por motores. Para além das vilas e das cidades têxteis da Grã-Bretanha, onde a produção em massa de manufaturas teve seu histórico salto tecnológico, as máquinas mais reprováveis de hoje em dia foram criadas muito *depois* da ascensão do capitalismo em muitas partes da Europa e da América do Norte.

Apesar do atual movimento pendular, que vai desde a glorificação da civilização europeia até sua indiscriminada depreciação, seria importante relembrar o significado do surgimento do secularismo moderno, do conhecimento científico, do universalismo, da razão e das tecnologias que *potencialmente* oferecem a possibilidade de um encaminhamento racional e emancipatório das questões sociais, visando a completa realização dos desejos e do êxtase, sem, no entanto, os muitos empregados e artesãos que saciavam os apetites de seus "chefes" aristocratas na Abadia de Thélème de Rabelais. Ironicamente, os anarquis-

MURRAY BOOKCHIN

tas anticivilizadores, que hoje denunciam a civilização, estão | 87
entre aqueles que gozam de seus frutos culturais e que promovem as demonstrações mais individualistas de liberdade, sem
qualquer noção dos excruciantes desenvolvimentos na história
europeia que os tornaram possíveis. Kropotkin, por exemplo,
deu ênfase ao "progresso das técnicas modernas, que simplificam maravilhosamente a produção de todas as necessidades da
vida."[49] Para aqueles que não têm senso do contexto histórico,
as percepções arrogantes saem barato.

MISTIFICANDO O PRIMITIVO

O corolário da antitecnologia e da anticivilização é o primitivismo, uma glorificação edênica da pré-história e o desejo de
algum tipo de retorno à sua suposta inocência.[50] Anarquistas
de estilo de vida como Bradford buscam inspiração nos povos
aborígines e nos mitos de uma pré-história edênica. Os povos
primitivos, diz ele, "recusavam a tecnologia" — "minimizavam
a importância das técnicas instrumentais ou práticas e aumentavam a importância das [...] técnicas extáticas". Era assim,

[49]Peter Kropotkin. "Anarchism". Op. cit., p. 285.

[50]Qualquer um que nos aconselhe, de modo significativo, e até drástico,
a reduzir o uso de tecnologia está aconselhando também, pela lógica, a
voltarmos à "Idade da Pedra" — pelo menos até o Neolítico ou o Paleolítico
(Inferior, Médio ou Superior). Em resposta ao argumento de que não
podemos voltar ao "mundo primal", Bradford não ataca o argumento, mas
quem o criou: "Engenheiros de corporações e críticos de esquerda do
capitalismo ou sindicalistas" descartam "qualquer outra perspectiva de
dominação tecnológica, [...] colocando-as como 'regressivas' e como um
desejo 'tecnofóbico' de voltar à Idade da Pedra", coloca ele (CIB, nota 3).
Deixarei de lado a falácia de que favorecer o avanço tecnológico em si
implica favorecer o aumento da "dominação", provavelmente de pessoas
e da natureza não humana. "Engenheiros de corporações e críticos de
esquerda do capitalismo ou sindicalistas" não têm, de maneira alguma,
a mesma visão sobre a tecnologia e sua utilização. Tendo em vista que
"críticos de esquerda do capitalismo ou sindicalistas" estão envolvidos em
uma séria oposição de classe ao capitalismo, seu fracasso, hoje em dia, na
criação de um movimento amplo de trabalhadores é algo trágico, que deve
ser lamentado e não motivo de comemoração.

ANARQUISMO SOCIAL OU ANARQUISMO DE ESTILO DE VIDA

porque os povos aborígines, com suas crenças animistas, estavam cheios de "amor" pela vida animal e pela selva — para eles, "animais, plantas e objetos naturais" eram *pessoas*, ou mesmo parentes" (CIB, p. 11).

Neste sentido, Bradford opõe-se à visão "oficial", a qual sustenta que as vidas nas culturas pré-históricas dos coletores eram "terríveis, animalescas e nômades, envolvendo uma sangrenta luta pela existência". Ele glorifica o "mundo primitivo", considerando-o uma "próspera sociedade original", conforme as palavras de Marshall Sahlins;

próspera, pois suas necessidades são poucas, todos seus desejos são facilmente realizáveis. Seu conjunto de ferramentas é elegante e leve, sua língua complexa e conceitualmente profunda, ainda que seja simples e acessível a todos. Sua cultura é expansiva e extática. Sem propriedade e comunal, igualitária e cooperativa [...]. É anárquica, [...] livre de trabalho [...]. É uma sociedade dançante, uma sociedade cantante, uma sociedade festiva, uma sociedade sonhadora.[51]

Habitantes do "mundo primitivo", de acordo com Bradford, viviam em harmonia com o mundo natural e desfrutavam de todos os benefícios da prosperidade, incluindo muito tempo de ócio. A sociedade primitiva, enfatiza ele, estava "livre do trabalho", já que a caça e a colheita exigiam muito menos esforço do que as pessoas têm hoje com um dia de oito horas de trabalho. Ele reconhece que a sociedade primitiva era "capaz de experimentar eventualmente a fome". Esta "fome", no entanto, era sem dúvida simbólica e autoimposta, veja você, porque os povos primitivos "algumas vezes [escolhiam] a fome para aumentar a inter-relação, para brincar ou para ter visões" (CIB, p. 10).

Seria necessário um artigo inteiro para decodificar ou mesmo para contestar esse palavrório absurdo, no qual algumas poucas verdades estão misturadas com fantasias ou encobertas por elas. Bradford baseia sua opinião, até onde sei, em um "grande acesso às posições dos povos primitivos e de seus descendentes nativos", produzido por "uma antropologia [...] mais

[51]George Bradford. "Civilization in Bulk". In: *The Fifth Estate*, p. 10.

crítica" (CIB, p. 10). Na realidade, muito desta "antropologia crítica" parece derivar das ideias propostas no simpósio Man the Hunter, realizado em abril de 1966, na Universidade de Chicago.[52] Apesar do imenso valor de muitos dos *papers* escritos para este simpósio, alguns deles sustentavam uma ingênua mistificação do "primitivismo", que foi influente durante a contracultura dos anos 1960 — e que se estende até hoje. A cultura *hippie*, que influenciou diversos antropólogos da época, comprovava que povos caçadores-coletores daquela época vinham sendo ignorados pelas forças econômicas e sociais vigentes no resto do mundo, e continuavam vivendo em estado de pureza, como remanescentes isolados do modo de vida do Neolítico e do Paleolítico. Além disso, como caçadores-coletores, suas vidas eram saudáveis e calmas; viviam como que em uma ampla e natural dádiva.

Richard B. Lee, co-editor das conferências, considerava que o consumo calórico dos povos primitivos era bastante alto e seu estoque de alimentos abundante, sustentando um tipo de "prosperidade" virginal, na qual as pessoas tinham necessidade de buscar alimentos apenas algumas horas por dia. "A vida em estado de natureza não é necessariamente desagradável, brutal e curta", escreveu Lee. O habitat dos aborígines Kung do deserto do Kalahari, por exemplo, "é abundante em comidas que são encontradas naturalmente". Os aborígines de Dobe, que, segundo ele, estavam ainda nos umbrais do Neolítico,

vivem bem hoje, das plantas silvestres e da carne, apesar de estarem reduzidos às áreas menos produtivas, considerando os locais onde os povos aborígines eram outrora encontrados. É provável que um fundamento de subsistência, ainda mais substancial, tenha sido característico desses caçadores-coletores no passado, quando eles tinham os melhores habitats da África para escolher.[53]

Não é assim! Conforme veremos brevemente.

[52]O texto das conferências foi publicado em: Richard B. Lee e Irven DeVore (orgs.). *Man the Hunter*. Chicago: Aldine Publishing Co., 1968.
[53]"What Hunters Do for a Living, or, How to Make Out in Scarce Resources". In: Lee e DeVore. Op. cit., p. 43.

É muito comum entre aqueles que divagam sobre a "vida primitiva" misturar milênios de pré-história, como se espécies humanas e hominídeos significativamente distintos tivessem vivido em um mesmo tipo de organização social. A palavra *pré-história* é profundamente ambígua. Visto que o gênero humano incluía diversas espécies diferentes, dificilmente podemos comparar a "perspectiva" dos forrageadores aurignacianos e magdalenianos (*Homo sapiens sapiens*) de uns trinta mil anos atrás, com a do *Homo sapiens neanderthalensis* ou mesmo do *Homo erectus*, cujo conjunto de ferramentas, habilidades artísticas e capacidade de fala era muito diferente.

Outro importante aspecto é saber em que medida os caçadores-coletores pré-históricos ou forrageadores, nas várias épocas, viveram em sociedades não hierárquicas. Se os sepultamentos em Sungir (na contemporânea Europa do Leste), uns 25 mil anos atrás, permitem qualquer especulação (e não há um povo paleolítico próximo que possa nos falar sobre sua vida), a coleção extraordinariamente rica de joias, lanças, armas de marfim e roupas enfeitadas encontradas nos túmulos de dois adolescentes sugerem a existência de linhagens familiares de *status* elevado, bem antes dos seres humanos cultivarem alimentos. A maioria das culturas do Paleolítico era, provavelmente, mais ou menos igualitária, mas a hierarquia parece ter existido até mesmo no final do Paleolítico, com marcadas variações de grau, de tipo e de escopo de dominação — o que não permite elogiar o igualitarismo paleolítico.

Um outro aspecto que surge é a variação — nos primeiros casos, a ausência — da habilidade comunicativa nas diferentes épocas. Apesar da linguagem escrita só aparecer mais tarde, nos tempos históricos, as línguas do antigo *Homo sapiens sapiens* eram "profundas conceitualmente". Os pictogramas, os hieróglifos e, sobretudo, o material memorizado sobre o qual povos "primitivos" baseavam seu conhecimento do passado possui óbvias limitações culturais. Sem uma literatura escrita, que registre o saber cumulativo de diferentes gerações, a memória histórica, independente dos pensamentos "profundos

MURRAY BOOKCHIN

conceitualmente", é difícil ser mantida; perde-se no tempo ou sofre distorções.

Por impossibilitar uma crítica exigente, a história oral torna--se, com facilidade, uma ferramenta para "videntes" da elite e xamãs que, longe de serem "protopoetas", como Bradford os chama, parecem usar seu "conhecimento" para servir a seus próprios interesses sociais.[54]

Fato que nos leva, inevitavelmente, a John Zerzan, o primitivista anticivilização por excelência. Para Zerzan, um dos principais nomes de *Anarchy: A Journal of Desire Armed*, a ausência de fala, de língua e de escrita é uma vantagem. Outro contemporâneo do Man the Hunter, Zerzan sustenta em seu livro *Futuro primitivo* (FP), que "a vida antes da domesticação/agricultura foi, em grande medida, uma vida de prazeres, de intimidade com a natureza, de sabedoria sensual, de igualdade sexual e de saúde"[55] — com a diferença de que a visão de Zerzan da "primalidade" aproxima-se mais de uma animalidade quadrúpede. Na verdade, na paleoantropologia zerzaniana, as distinções anatômicas entre o *Homo sapiens* de um lado, e o *Homo habilis*, o *Homo erectus* e os "malditos" Neandertais de outro, são dúbias; todas as primeiras espécies de *Homo*, segundo ele, possuíam as mesmas capacidades mentais e físicas do *Homo sapiens* e, além disso, viveram num paraíso primal por mais de dois milhões de anos.

Se esses hominídeos fossem tão inteligentes quanto os humanos modernos, poderíamos ingenuamente perguntar, por que eles não realizaram transformações tecnológicas. "Parece--me bastante plausível", conjectura brilhantemente Zerzan,

que a inteligência, baseada no sucesso e na satisfação de uma existência de coletor-caçador, é o próprio motivo da clara ausência de

---

[54]Ver, especialmente: Paul Radin. *The World of Primitive Men*. Nova York: Grove Press, 1953, pp. 139–50.

[55]John Zerzan. *Future Primitive and Other Essays*. Nova York: Autonomedia, 1994, p. 16. O leitor que confiar na pesquisa de Zerzan pode procurar fontes importantes como "Cohn (1974)" e "Clark (1979)" (Cf. as páginas 24 e 29) em sua bibliografia — na qual nenhum deles consta.

ANARQUISMO SOCIAL OU ANARQUISMO DE ESTILO DE VIDA

"progresso". Divisão de trabalho, domesticação, cultura simbólica — foram evidentemente[!] recusadas até muito recentemente.

A espécie *Homo* "há muito tempo *escolheu* a natureza em vez da cultura", e com *cultura*, aqui, Zerzan quer dizer "a manipulação das formas simbólicas mais básicas" (grifos meus) — um estorvo alienante. De fato, continua ele,

o tempo reificado, a língua (escrita, por certo, e provavelmente falada durante todo ou quase todo esse período), os números e a arte não existiam, apesar de uma inteligência totalmente capaz de criá-los.[56]

Em suma, hominídeos com capacidades de fala, de escrita e simbólica, deliberadamente não as desenvolveu, uma vez que podiam entender uns aos outros e seu próprio meio pelos instintos, sem precisar recorrer a esses recursos. Assim, Zerzan concorda completamente com um antropólogo que pondera o seguinte: "A comunhão dos San (aborígines) com a natureza" atingiu "um nível de experiência que se poderia 'praticamente chamar de místico. Por exemplo, eles pareciam saber como era sentir-se um elefante, um leão, um antílope'", até mesmo um baobá (FP, pp. 33–34).

A "decisão" consciente de recusar a língua, as ferramentas sofisticadas, a temporalidade e a divisão do trabalho (é provável que eles tenham pensado nisso e rosnado: "Bah!") foi tomada, ainda segundo Zerzan, pelo *Homo habilis*, que, devo ressaltar, tinha menos da metade do tamanho do cérebro dos humanos modernos e provavelmente não tinha a capacidade anatômica nem para articular sílabas. No entanto, sabemos, por meio da autoridade suprema de Zerzan, que os *habilis* (e possivelmente até o *Australopithecus afarensis*, que esteve por aí há uns "dois milhões de anos") possuíam "uma inteligência plenamente capaz" — nada menos! — para desempenhar tais funções, mas se recusaram a isso. Segundo a paleoantropologia zerzaniana, os primeiros hominídeos ou humanos podiam adotar ou recusar traços culturais vitais como a fala, valendo-se de uma sabedoria sublime, como monges que fazem voto de silêncio.

[56]Ibidem, pp. 23–24.

MURRAY BOOKCHIN

Porém, assim que o voto de silêncio foi rompido, *tudo* deu errado! Por razões que só Deus e Zerzan conhecem,

a emergência da cultura simbólica, com sua vontade *inerente* de manipular e controlar, logo abriu as portas para a domesticação da natureza. Depois de dois milhões de anos de vida humana nos limites da natureza, em comparação com outras espécies selvagens, a agricultura alterou nosso estilo de vida, nossa forma de *adaptação*, de maneira nunca antes vista. Jamais houve uma transformação tão radical, tão definitiva e rápida, de uma espécie. A autodomesticação por meio da linguagem, do ritual e da arte *inspirou* o controle das plantas e dos animais, que veio em seguida.[57]

Há um certo esplendor nessa armadilha que é cativante. Épocas muito diferentes, hominídeos e/ou espécies humanas e situações ecológicas e tecnológicas; tudo isso é misturado numa vida compartilhada "dentro dos limites da natureza". A simplificação feita por Zerzan da dialética muito complexa entre humanos e não humanos revela uma mentalidade tão reducionista e simplista que deixa qualquer um pasmo e perplexo.

É certo que há muito o que aprender com as culturas pré-literárias — sociedades orgânicas, como eu as chamo em *The Ecology of Freedom* —, especialmente sobre a mutabilidade do que se costuma chamar de "natureza humana". Seu espírito de cooperação grupal e, às vezes, até sua visão igualitária, são admiráveis — e socialmente necessários, tendo em vista o mundo precário em que viviam —, e fornecem provas claras da maleabilidade do comportamento humano, que contrapõe o mito de que a competitividade e a ganância são atributos humanos inatos. Realmente, suas práticas de usufruto e a desigualdade dos iguais são de grande relevância para uma sociedade ecológica.

No entanto, dizer que povos "primais" ou pré-históricos "reverenciavam" a natureza não humana é, no mínimo, enganoso, e, no máximo, completamente insincero. Na ausência de ambientes "não naturais" como aldeias, vilas e cidades, a própria noção de "natureza", como algo diferente de *habitat*,

[57]Ibidem, pp. 27-28, grifos meus.

ANARQUISMO SOCIAL OU ANARQUISMO DE ESTILO DE VIDA

precisa ainda ser *conceituada* — uma experiência alienante, na visão de Zerzan. Tampouco é provável que nossos ancestrais remotos vissem o mundo natural de maneira menos instrumental que os povos das culturas históricas. Considerando seus próprios interesses materiais — sobrevivência e bem-estar —, os povos pré-históricos aparentemente caçavam o quanto podiam, e, se em imaginação povoavam o mundo animal de atributos antropomórficos, como com certeza faziam, era no intuito de comunicar-se com os animais para manipulá-los e não para simplesmente reverenciá-los.

Com esses fins instrumentais em mente, esses povos evocavam animais "falantes", "tribos" de animais (muitas vezes segundo o padrão das próprias estruturas sociais) e "espíritos" animais capazes de interação. É compreensível que, dada a limitação de seu conhecimento, eles acreditassem na realidade dos sonhos, na qual humanos poderiam voar e os animais poderiam falar — um mundo de sonhos inexplicável e muitas vezes assustador, o qual tomavam como realidade. Para controlar animais de caça, usar o habitat para sobrevivência, lidar com as vicissitudes do clima e outros elementos, os povos pré-históricos tiveram de *personificar esses fenômenos e "falar" com eles*, direta, ritualística ou metaforicamente.

Aparentemente, os povos pré-históricos intervieram com a maior resolução possível em seu ambiente. Quando o *Homo erectus* ou outras espécies posteriores aprenderam a usar o fogo, por exemplo, devem ter incendiado florestas, provavelmente encurralaram animais de caça em penhascos ou em emboscadas naturais, onde podiam melhor abatê-los. A "reverência pela vida" dos povos pré-históricos reflete, dessa maneira, uma preocupação muito pragmática de melhoria e de controle da alimentação, e não de um amor pelos animais, pelas florestas e montanhas (as quais eles deviam temer, imaginando que fossem a morada das divindades, tanto das demoníacas quanto das benignas).[58]

---

[58]A literatura sobre esses aspectos da vida pré-histórica é vasta. Anthony Legge e Peter A. Rowly ("Gazelle Killing in Stone Age Syria". In: *Scienti-*

O "amor à natureza" que Bradford atribui à "sociedade primal" tampouco descreve com precisão os povos nômades coletores de hoje em dia, que muitas vezes lidam de forma bastante brusca com seus animais de carga e de caça; os pigmeus da floresta de Ituri, por exemplo, torturam suas presas com altas doses de sadismo, e entre os esquimós são comuns os maus--tratos contra huskies.[59] Quanto aos americanos nativos que viviam nestas terras antes do contato com os europeus, eles alteraram profundamente o continente usando o fogo,com o objetivo limpar o terreno para suas hortas e possibilitar melhor visibilidade para as caçadas, a ponto de o "paraíso" encontrado pelos europeus ter sido "claramente humanizado".[60]

Muitas tribos indígenas parecem ter exaurido os animais de caça, tendo de migrar para novos territórios visando obter os meios de vida material. Seria realmente surpreendente se elas não tivessem entrado em guerra para expulsar aqueles que, originalmente, ocupavam esses territórios. Seus ancestrais remotos podem muito bem ter contribuído com a extinção de alguns dos maiores mamíferos da América do Norte da última

fic American, vol. 257, 1987, pp. 88–95) mostram que animais migratórios podem ter sido dizimados com o poder devastador e efetivo do uso de currais. O estudo clássico dos aspectos pragmáticos do animismo é: Bronislaw Malinowski. *Myth, Science and Religion*. Garden City: Doubleday, 1954. A antropomorfização manipulativa é evidente nos muitos relatos de transmigração do domínio humano para o não humano, alegada pelos xamãs, como nos mitos makuna relatados em: Kaj Arhem. "Dance of the Water People". In: *Natural History*, janeiro de 1992.

[59]Sobre os pigmeus, ver: Colin M. Turnbull. *The Forest People: A Study of the Pigmies of the Congo*. Nova York: Clarion/Simon and Schuster, 1961, pp. 101–102. Sobre os esquimós, ver: Gontran de Montaigne Poncin. *Kabloona: A White Man in the Arctic Among the Eskimos*. Nova York: Reynal & Hitchcock, 1941, pp. 208–209, assim como muitas outras obras sobre a cultura tradicional esquimó.

[60]A hipótese de que muitas pastagens do mundo foram feitas com o fogo, provavelmente desde o *Homo erectus*, está difundida na literatura antropológica. Um excelente estudo é: Stephen J. Pyne. *Fire in America*. Princeton: Princeton University Press, 1982. Cf. também: William M. Denevan. In: *Annals of the American Association of Geographers*, setembro de 1992. Cf. William K. Stevens. "An Eden in Ancient America? Not Really". In: *The New York Times*, 30 de março de 1993, p. c1.

era glacial (em especial mamutes, mastodontes, bisões, cavalos e camelos). Pilhas espessas de ossos de bisão são visíveis em alguns locais, sugerindo que houve assassinatos em massa e "filas" para o abate, em diversos arroios americanos.[61]

Entre os povos que praticavam a agricultura, a terra não era necessariamente usada de maneira ecologicamente correta. Ao redor do lago Pátzcuaro, no planalto central mexicano, antes da conquista espanhola, "o manejo da terra na pré-história não era conservacionista na prática", escreve Karl W. Butzer, causando altos índices de erosão do solo. Na realidade, as práticas agrícolas aborígines "podiam ser tão nocivas quanto qualquer utilização pré-industrial da terra no Velho Mundo".[62] Outros estudos mostram que a destruição excessiva de florestas e o fracasso da agricultura de subsistência exauriu a sociedade maia e contribuiu para o seu colapso.[63]

[61]Sobre o acalorado debate sobre as "matanças", ver: P. S. Martin e H. E. Wright Jr. (orgs.). *Pleistocene Extinctions: The Search for a Cause.* New Haven: Yale University Press, 1967. Os argumentos da discussão sobre os fatores climáticos e/ou as matanças humanas terem levado às extinções massivas de cerca de 35 gêneros de mamíferos do Pleistoceno são complexos demais para serem expostos aqui. Ver: P. S. Martin. "Prehistoric Overkill". In: P. S. Martin e H. E.. Wright Jr. (orgs.). Op. cit. Tratei de alguns desses argumentos em: Murray Bookchin. "Introduction". In: *The Ecology of Freedom.* Montreal: Black Rose Books, 1991. As provas ainda estão sendo debatidas. Mastodontes, que já foram considerados animais de ambiente restrito, hoje se sabe, foram ecologicamente muito mais flexíveis e podem até ter sido mortos por paleoíndios caçadores, provavelmente com muito menos pena do que os ambientalistas românticos gostariam de acreditar. Não defendo que apenas a caça teria levado esses grandes mamíferos à extinção — mas uma quantidade considerável de mortes deve-se a isso. Um resumo dos deslocamentos de bisões por arroios pode ser consultado em: Brian Fagan. "Bison Hunters of the Northern Plains". In: *Archaeology,* maio–junho de 1994, p. 38.

[62]Karl W. Butzer. "No Eden in the New World". In: *Nature,* vol. 82, 4 de março de 1993, pp. 15–17.

[63]T. Patrick Cuthbert. "The Collapse of Classic Maya Civilization". In: Norman Yoffee e George L. Cogwill (orgs.). *The Collapse of Ancient States and Civilizations.* Tucson: University of Arizona Press, 1988 / Joseph A. Tainter. *The Collapse of Complex Societies.* Cambridge: Cambridge University Press, 1988, capítulo 5.

MURRAY BOOKCHIN

Jamais teremos como saber se os modos de vida dos povos nômades coletores de hoje em dia refletem com precisão os modos de vida do passado ancestral.[64] As culturas aborígines modernas desenvolveram-se ao longo de milhares de anos e transformaram-se significativamente pelos inúmeros contatos com outras culturas, antes de terem sido estudadas pelos pesquisadores ocidentais. De fato, como observou acidamente Clifford Geertz, existe pouca, se é que existe alguma, pureza nas culturas aborígines que os modernos primitivistas associam à primeira humanidade. "A percepção de que [a pureza primal dos aborígines atuais] não era exatamente assim foi dolorosa e tardia; nem entre os pigmeus e nem entre os esquimós", observa Geertz,

[64]É estranho que me digam outra vez — agora é L. Susan Brown — que minha *evidência* de sociedades 'orgânicas' sem nenhuma hierarquia permanece em questão" (grifos meus, p. 160). Se Marjorie Cohen, que Brown cita como exemplo, acha "pouco convincente" dizer que "a simetria sexual e a igualdade plena" podem ser demonstradas consistentemente, com base em "evidências antropológicas" reais, ou que "a divisão do trabalho de acordo com o sexo" não é necessariamente "compatível com a igualdade sexual plena" — tudo o que posso dizer é: pois bem! Eles já não estão aqui para nos falar sobre isso, muito menos para nos dar evidências "convincentes" de qualquer coisa. O mesmo pode ser dito das relações de gênero, conforme sugeri em *The Ecology of Freedom*. Na verdade, todas as "evidências antropológicas" contemporâneas em relação à "simetria sexual" são discutíveis, pois os aborígines modernos, para o bem ou para o mal, foram condicionados pelas culturas europeias, muito antes de os modernos antropólogos terem contato com eles.

O que tentei expor nesse livro é uma *dialética* da igualdade e da desigualdade dos gêneros, não um relato definitivo da pré-história — cujo conhecimento perdeu-se para sempre, tanto para Brown e Cohen, quanto para mim. Utilizo dados modernos em termos especulativos: para mostrar que minhas conclusões são *razoáveis*, coisa que Brown descarta intempestivamente em duas frases, sem embasar-se em dado algum.

Quanto à referência de Brown à minha falta de "evidências" sobre o *modo como* surgiram as hierarquias, materiais recentes sobre a Mesoamérica, posteriores à decifração dos pictogramas maias, sustentam minha reconstrução do surgimento da hierarquia. Por fim, quanto à gerontocracia, cuja precedência eu enfatizo como sendo provavelmente uma das primeiras formas de hierarquia, trata-se de um dos desenvolvimentos hierárquicos mais comuns descritos pela literatura antropológica.

ANARQUISMO SOCIAL OU ANARQUISMO DE ESTILO DE VIDA

98

sendo que esses povos são, na verdade, produtos de processos de transformações sociais de larga escala, responsáveis por fazer deles aquilo que eles são — fato que levou a uma espécie de choque e também a uma crise no campo da etnografia.[65]

Os grupos de povos "primais", assim como as florestas habitadas por eles, não eram mais "virginais" no contato com os europeus do que os índios Lakota, na época da Guerra Civil Americana, independente do que sustenta *Dança com lobos*. Muitos dos tão estudados sistemas de crenças "primais" dos aborígines de hoje em dia remetem claramente às influências cristãs. Black Elk,[66] por exemplo, era um católico fervoroso[67] e a *Dança fantasma dos paiutes e lakotas*, do final do século XIX, era profundamente influenciada pelo milenarismo evangélico cristão.

Em pesquisas antropológicas sérias, a noção de um caçador puro, "extático", não sobreviveu trinta anos, depois da publicação do simpósio Man the Hunter. A maioria das sociedades "prósperas de caçadores", citadas pelos devotos do mito da "prosperidade primitiva", literalmente evoluiu — muito provavelmente contra sua vontade — a partir de sistemas sociais da horticultura. O povo San do Kalahari, sabe-se hoje, era composto de jardineiros, que depois foram levados para viver no deserto. Centenas de anos atrás, de acordo com Edwin Wilmsen, os povos de língua San pastoreavam e cultivavam a terra, sem falar no comércio das terras dos chefes vizinhos agricultores, por meio de uma rede que se estendia até o Oceano Índico. Por volta do ano 1000, demonstram as escavações, sua área, Dobe, era habitada por povos que faziam cerâmica, trabalhavam o ferro, e criavam gado, exportando sua produção

[65]Clifford Geertz. "Life on the Edge". In: *The New York Review of Books*, 7 de abril de 1994, p. 3.

[66]Alce Negro, índio sioux, em lakota, *Hehaka Sapa*, 1863–1950. [N. do T.]

[67]Como aponta William Powers, o livro "*Black Elk Speaks* foi publicado em 1932. Não há nele qualquer sinal da vida cristã de Black Elk". Para um completo desmascaramento do atual fascínio com a história de Black Elk, ver: William Powers. "When Black Elk Speaks, Everybody Listens". In: *Social Text*, vol. 8, núm. 2, 1991, pp. 43–56.

MURRAY BOOKCHIN

para a Europa, na década de 1840, junto com imensas quantida- | 99
des de marfim — boa parte dele oriundo de elefantes caçados
pelo próprio povo San que, sem dúvida, levava a cabo essas
matanças de seus "irmãos" paquidermes com toda aquela sensibilidade que Zerzan atribui a ele. O nomadismo marginal do
povo San, que tanto encantou as pessoas nos anos 1960 era, na
verdade, resultado de mudanças econômicas do final do século
XIX: "as raízes remotas imaginadas por observadores externos
[...] não eram nativas, e foram criadas pelo colapso do capital
mercantil".[68] Assim, "a atual situação dos povos de língua San,
habitantes de uma faixa rural da economia africana", indica
Wilmsen,

pode ser compreendida apenas nos termos das políticas sociais e
econômicas da era colonial e suas consequências. Seu surgimento
como nômades coletores é uma decorrência desses povos terem sido
relegados a uma classe inferior no processo histórico que se iniciou
antes do segundo milênio e que culminou nas primeiras décadas do
século XX.[69]

Os Yuquí da Amazônia, também, podem facilmente ter
servido de exemplo para a sociedade pura de nômades coletores, enaltecida nos anos 1960. Ignorados pelos europeus até
a década de 1950, estes povos dispunham de um conjunto de
ferramentas que consistia em pouco mais do que uma mandí-
bula de porco do mato, arcos e flechas. "Além de não saberem
fazer fogo", escreve Allyn M. Stearman, que os estudou, "não
possuíam embarcações, animais domésticos (nem mesmo ca-
chorros), qualquer pedra ou especialista em rituais, contando
apenas com uma cosmologia rudimentar. Viviam suas vidas
como nômades, percorrendo as florestas das terras baixas da
Bolívia em busca de caça e outros alimentos que conseguiam

[68]Edwin N. Wilmsen. *Land Filled With Flies*. Chicago: University of
Chicago Press, 1989, p. 127.
[69]Edwin N. Wilmsen. Op. cit., p. 3.

ANARQUISMO SOCIAL OU ANARQUISMO DE ESTILO DE VIDA

coletar."[70] Não tinham roças e não eram familiarizados com o uso do anzol e da linha para a pesca.

No entanto, longe de serem igualitários, os Yuquí mantiveram a instituição da escravidão hereditária, dividindo sua sociedade entre uma elite privilegiada e um grupo de trabalhadores escravos desprestigiados. Tal aspecto hoje é visto como vestígio de um modo de vida que foi, outrora, hortícola. Os Yuquí, ao que parece, descendiam de uma sociedade pré-colombiana na qual havia escravidão, e

com o tempo, foram experimentando a aculturação, perdendo sua herança cultural, com a necessidade de permanecerem nômades e viverem da terra. Mas, embora muitos elementos de sua cultura tenham se perdido, outros resistiram. A escravidão, evidentemente, foi um desses elementos.[71]

Wilmsen e seus associados não só acabaram com o mito do coletor "puro", mas colocaram em xeque os dados de Richard Lee sobre a ingestão calórica dos "prósperos" coletores.[72] O povo Kung tinha uma expectativa média de vida de cerca de trinta anos. A mortalidade infantil era alta e, de acordo com Wilmsen (calma, Bradford!), as pessoas eram acometidas por doenças e fome durante as secas. (O próprio Lee reviu suas posições sobre esse assunto depois dos anos 1960.)

Como era de se esperar, as vidas de nossos ancestrais eram tudo, menos um mar de rosas. Na verdade, a vida deles era bastante dura, em geral curta e muito difícil do ponto de vista material. Exames anatômicos sobre a longevidade mostram que quase a metade deles morria na infância ou antes dos vinte anos, e eram poucos os que viviam mais de cinquenta anos.[73] Eram

[70]Ally Maclean Stearman. *Yuquí: Forest Nomads in a Changing World.* Fort Worth / Chicago: Holt, Rinehart and Winston, 1989, p. 23.

[71]Ibidem, pp. 80–81.

[72]Edwin N. Wilmsen. Op. cit., pp. 235–239 e 303–15.

[73]Para estatísticas impressionantes, ver: Corine Shear Wood. *Human Sickness and Health: A Biocultural View.* Palo Alto: Mayfield Publishing Co. , 1979, pp. 17–23. Os Neandertais — que, longe de serem "malignos" como gostaria Zerzan, vêm recebendo uma cobertura maravilhosa por parte da imprensa atualmente — são generosamente tratados em: Cristopher Strin-

MURRAY BOOKCHIN

mais necrófagos do que caçadores-coletores e provavelmente | 101
foram vítimas de leopardos e hienas.[74]

Com os membros de seus bandos, tribos ou clãs, os povos pré-históricos e outros coletores posteriores eram geralmente cooperativos e pacíficos; mas com membros de outros bandos, tribos ou clãs, eles eram muitas vezes beligerantes, às vezes até genocidas, nas tentativas de expropriar os outros e apropriar-se de sua terra. O mais bem-aventurado de nossos ancestrais humanos (como querem os primitivistas), o *Homo erectus*, deixou para trás de si um rastro de matanças inter-humanas, segundo os dados colhidos por Paul Janssens.[75] Sugeriu-se que muitos indivíduos na China e em Java teriam sido mortos por erupções vulcânicas, mas essa explicação perde muito de sua plausibilidade diante dos restos de quarenta indivíduos encontrados, cujas cabeças com lesões fatais haviam sido decapitadas — "dificilmente obra de um vulcão", observa Corine Shear Wood.[76] A propósito dos coletores nômades modernos, os conflitos entre tribos de nativos americanos são numerosos demais para citar — como testemunham os Anasazi e seus vizinhos do sudoeste,

ger e Clive Gamble. *In Search of the Neanderthals*. Nova York: Thames and Hudson, 1993. Contudo, os autores concluem: "O alto índice de doenças degenerativas nos joelhos, entre os Neandertais, talvez não seja uma surpresa, diante do que sabemos sobre suas duras vidas, sobre o cansaço e os excessos a que seus corpos eram submetidos. Mas a prevalência de lesões graves é ainda mais surpreendente, e indica como era perigoso viver, mesmo para os que não chegavam à 'velhice' nas sociedades neandertais" (pp. 94–95).

Alguns indivíduos pré-históricos sem dúvida chegaram aos setenta anos, como os coletores que ocuparam os pântanos da Flórida há cerca de 80 mil anos, mas são raras exceções. Somente um primitivista empedernido se agarraria a essas exceções e faria delas uma regra. Ah, sim — as condições são terríveis para a maioria das pessoas na civilização. Mas quem está dizendo que a civilização é conhecida pela alegria geral, pelos banquetes e pelo amor?

[74]Ver, por exemplo: Robert J. Blumenschine e John A. Cavallo. "Scavenging and Human Evolution". *Scientific American*, outubro de 1992, pp. 90–96.

[75]Paul A. Janssens. *Paleopathology: Diseases and Injuries of Prehistoric Man*. Londres: John Baker, 1970.

[76]Corine Shear Wood. Op. cit., p. 20.

ANARQUISMO SOCIAL OU ANARQUISMO DE ESTILO DE VIDA

102| tribos que acabaram formando a Confederação dos Iroqueses (a própria sobrevivência da confederação já seria uma questão, se eles mesmos não tivessem exterminado uns aos outros), que quase levou ao extermínio e à fuga das últimas comunidades Huron.

Se os "desejos" dos povos pré-históricos "eram facilmente saciados", como alega Bradford, isto se devia ao fato de suas condições materiais de vida — e, portanto, de seus desejos — serem realmente muito singelas. O mesmo se pode esperar de qualquer forma de vida que mais se *adapta* do que *inova*, que mais se *conforma* ao habitat do que o *altera*, para que ele fique conforme as suas necessidades. Pode-se afirmar com segurança que os primeiros povos possuíam uma maravilhosa compreensão do habitat onde viviam; eram, afinal, seres bastante inteligentes e imaginativos. No entanto, sua cultura "extática" era muito marcada não só pela alegria de seus "cantos, [...] celebrações, [...] e sonhos", mas também pela superstição e por temores facilmente manipuláveis.

Nossos remotos ancestrais e os aborígines atuais não poderiam ter sobrevivido se tivessem sido absorvidos pelas ideias das Disneylândias encantadas, sugeridas pelos atuais primitivistas. Com certeza, os europeus não ofereceram tratamentos sociais magníficos aos aborígines. Muito pelo contrário: os imperialistas submeteram os povos nativos à brutal exploração, ao franco genocídio, às doenças contra as quais não eram imunes e à desavergonhada pilhagem. Nenhum feitiço animista pode ou poderia ter evitado esse ataque, como no caso da tragédia de Wounded Knee, em 1890, quando o mito das camisas espirituais impenetráveis às balas foi dolorosamente desmentido.

Crucial é que a regressão do primitivismo dos anarquistas de estilo de vida nega o mais destacado atributo da humanidade enquanto espécie e os aspectos potencialmente emancipatórios da civilização euro-americana. Humanos são muito diferentes de outros animais, na medida em que fazem mais do que meramente *adaptar-se* ao mundo à sua volta; humanos *inovam* e criam um novo mundo, não só para descobrir seu próprio

MURRAY BOOKCHIN

poder como seres humanos, mas para fazer o mundo ao seu | 103
redor mais adequado ao seu próprio desenvolvimento, tanto
em termos do indivíduo, quanto da espécie. Ainda que a capacidade de transformar o mundo esteja distorcida na sociedade
irracional de hoje, ela é um dom natural e um produto da evolução biológica humana — não só um produto da tecnologia, da
racionalidade e da civilização. O fato de pessoas que se dizem
anarquistas defenderem um primitivismo que beira o anima-
lesco, com sua mal-disfarçada mensagem de adaptação e de
passividade, é uma vergonha diante de séculos de pensamento,
práticas e ideais revolucionários; isso difama as memoráveis
tentativas da humanidade de se libertar do provincianismo, do
misticismo, da superstição, visando transformar o mundo.

Para esses anarquistas de estilo de vida, em especial os
anticivilização e primitivistas, a própria história torna-se um
monólito degradante, que suprime todas as distinções, mediações, fases de desenvolvimento e especificidades sociais. O
capitalismo e suas contradições são reduzidos a epifenômenos
de uma civilização devoradora, com seus "imperativos" tecnológicos sem qualquer nuance e diferenciação. A história,
se considerada como o desenrolar do componente racional
da humanidade — o desenvolvimento de sua capacidade de
liberdade, de autoconsciência e de cooperação —, é um relato
complexo do cultivo das sensibilidades humanas, de suas instituições, de sua intelectualidade e do conhecimento daquilo
que vem se chamando de "educação da humanidade". Tratar
a história como um permanente "desmoronamento" a partir
de uma animalesca "autenticidade" — como Zerzan, Bradford
e sua turma fazem de modo muito semelhante a Martin Heidegger — é ignorar os ideais expansivos de liberdade, de individualidade e de autoconsciência, que marcaram as épocas do
desenvolvimento humano — sem falar na ampliação das lutas
revolucionárias para alcançar esses fins.

O anarquismo de estilo de vida anticivilização é apenas um
aspecto da regressão social que marca as últimas décadas do
século xx. Assim como o capitalismo ameaça refazer a história
natural, ao trazer de volta uma era geológica e zoologicamente

mais simples e menos diferenciada, o anarquismo de estilo de vida anticivilização é cúmplice do capitalismo, ao trazer o espírito humano e sua história de volta a um mundo menos desenvolvido, menos determinado e edênico — a sociedade pré-tecnológica e pré-civilizatória supostamente "inocente", a qual existiu antes que a humanidade "perdesse a graça". Como os lotófagos da *Odisseia* de Homero, os humanos "autênticos" eram aqueles que viviam no eterno presente, sem passado ou futuro — sem o incômodo da memória ou da ideação, livres da tradição e não desafiados pelo porvir.

Ironicamente, o mundo idealizado pelos primitivistas impediria o individualismo radical celebrado pelos individualistas herdeiros de Max Stirner. Ainda que as comunidades "primais" contemporâneas tenham produzido indivíduos de traços marcantes, o poder do costume e o alto grau de solidariedade grupal impelido pelas difíceis condições dão pouca margem para comportamentos excessivamente individualistas, do tipo defendido por anarquistas stirnerianos que celebram a supremacia do ego. Hoje em dia, interessar-se pelo primitivismo é justamente o privilégio da urbanidade próspera, que permite brincar com as fantasias negadas aos pobres, famintos e "nômades", que por necessidade moram nas ruas das cidades, e também aos empregados que trabalham demais. Mulheres modernas que trabalham e têm filhos dificilmente conseguiriam passar sem o alívio, ainda que mínimo, das máquinas de lavar roupa, em sua rotina de afazeres domésticos — juntamente com o trabalho que, muitas vezes, é responsável pela maior parte da renda da casa. Ironicamente, até o coletivo que faz a *Fifth State* descobriu que não poderia ficar sem um computador e foi "forçado" a comprar um — publicando um texto de repúdio não muito sincero que dizia: "Odiamos isso!"[77] Denunciar uma tecnologia avançada e utilizá-la para produzir literatura antitecnológica é pouco sincero e demonstra hipocrisia. Tamanho ódio dos computadores parece um capricho de privilegiados que, em-

---

[77]E. B. Maple. "*Fifth Estate* Enters the 20th Century. We Get a Computer and Hate It!". *The Fifth Estate*, vol. 28, núm. 2, 1993, pp. 6–7.

MURRAY BOOKCHIN

panturrados de doces caros, exaltam as virtudes da pobreza nas orações de domingo.

AVALIANDO O ANARQUISMO DE ESTILO DE VIDA

O que se destaca, de modo mais constrangedor, no anarquismo de estilo de vida atual, é seu apreço pelo *imediatismo* em detrimento da reflexão, por um ingênuo relacionamento íntimo entre a mente e a realidade. Esse imediatismo torna o pensamento libertário imune às exigências de uma reflexão matizada e com mediações, obstruindo a análise racional e a própria racionalidade. Confiando a humanidade ao não temporal, ao não espacial e ao não histórico — uma noção "primitiva" de temporalidade baseada nos eternos "ciclos" da "natureza" —, ele priva a mente de sua singularidade criativa e de sua liberdade de intervir no mundo natural.

O anarquismo de estilo de vida primitivista sustenta que os seres humanos estão em sua melhor forma quando se adaptam à natureza não humana, em vez de nela interferirem, ou quando, desembaraçados da razão, da tecnologia, da civilização e até da fala, eles vivem em uma tranquila "harmonia" com a realidade existente; talvez até dotados de "direitos naturais", em uma condição "extática", essencialmente estúpida e visceral. TAZ, *Fifth Estate, Anarchy: A Journal of Desire Armed* e "zines" do lúmpen, como o stirneriano *Demolition Deerby*, de Michael William — todos têm como objetivo uma "primalidade" anticivilização, anti-histórica e sem mediações, da qual todos nós viemos; um estado de perfeição e de "autenticidade" em que éramos guiados de diferentes maneiras pelos "limites da natureza", pela "lei natural" ou por nossos egos devoradores. História e civilização consistem em nada mais do que uma decadência rumo à inautenticidade da "sociedade industrial".

Como já coloquei, esse mito da "perda da autenticidade" tem suas raízes no romantismo reacionário, mais recentemente na filosofia de Martin Heidegger, cujo "espiritualismo" *völkisch*, latente em *Ser e tempo*, foi depois desenvolvido em suas obras

ANARQUISMO SOCIAL OU ANARQUISMO DE ESTILO DE VIDA

explicitamente fascistas. Essa visão nutre-se do misticismo quietista — que existe em abundância nos escritos antidemocráticos de Rudolf Bahro, com seu apelo mal disfarçado à "salvação" por um "Adolf ambientalista" —, da busca apolítica de um espiritualismo ecológico e de uma "autorrealização" proposta pelos ecologistas profundos.

O ego do indivíduo torna-se, enfim, o templo supremo da realidade, desconsiderando a história e as transformações, a democracia e a responsabilidade. Na realidade, o contato direto com a sociedade é atenuado por um narcisismo tão onívoro que reduz a associação a um ego infantilizado, o qual acaba sendo pouco mais do que algumas exigências e reivindicações esganiçadas para as próprias satisfações. A civilização simplesmente obstrui a autorrealização extática desses desejos do ego, reificados como a última realização da emancipação, como se o êxtase e o desejo não fossem produtos do desenvolvimento histórico, mas apenas impulsos inatos que surgem do nada, em um mundo sem socialização.

Assim como o único [ego] stirneriano pequeno-burguês, o anarquismo de estilo de vida primitivista não se preocupa muito com as instituições sociais, as organizações políticas e os programas radicais, e preocupa-se menos ainda com uma esfera pública, já que todos os escritores que consultamos identificam esses elementos automaticamente com a burocracia estatal. O esporádico, o não sistemático, o incoerente, o descontínuo e o intuitivo substituem o consistente, o útil, o organizado e o racional; na verdade, qualquer forma de atividade constante e centrada, que não seja publicar um "zine", um panfleto ou pôr fogo numa lata de lixo. A imaginação é contraposta à razão, e o desejo à coerência teórica, como se eles estivessem em radical contradição. A advertência de Goya de que a imaginação sem a razão produz monstros é alterada para dar a impressão que a imaginação floresce de uma experiência direta e de uma "singularidade" sem matizes. Desta maneira, a natureza social é dissolvida na natureza biológica; a humanidade inovadora na animalidade adaptativa, a temporalidade na eternidade pré-civilização, e a história nos ciclos arcaicos.

MURRAY BOOKCHIN

Uma realidade burguesa, cuja aspereza econômica fica mais | 107
absoluta e grosseira a cada dia que passa, é transformada, inteligentemente, pelo anarquismo de estilo de vida, em um conjunto de autoindulgência, incipiência, indisciplina e incoerência. Nos anos 1960, os situacionistas, em nome de uma "teoria do espetáculo", produziram um espetáculo concreto de teoria. Eles, pelo menos, defendiam outras formas de organização, como os conselhos de trabalhadores, o que deu ao seu esteticismo algum lastro. O anarquismo de estilo de vida, ao atacar a organização, o compromisso programático e as análises sociais sérias, imita os piores aspectos do esteticismo situacionista, sem aderir ao projeto de construção de um movimento. Como os detritos dos anos 1960, ele vaga sem rumo dentro dos limites do ego (chamado por Zerzan de "limites da natureza") e ganha fama por sua incoerência boêmia.

O maior problema é que as fantasias estéticas e autoindulgentes do anarquismo de estilo de vida acabam significativamente com os elementos socialistas de uma ideologia da esquerda libertária que outrora teve relevância e influência social, precisamente por seu compromisso inflexível com a emancipação — não *fora* da história, no campo subjetivo, mas *dentro* da história, no campo objetivo. O grande brado da Primeira Internacional — que o anarcossindicalismo e o anarcocomunismo sustentaram depois que Marx e seus defensores o abandonaram — era: "não mais direitos sem deveres, não mais deveres sem direitos". Por gerações, estas palavras adornaram os periódicos que devemos chamar, em retrospectiva, de periódicos anarquistas *sociais*. Hoje, isso está em radical desacordo com a reivindicação egocêntrica do "desejo armado",[78] com as contemplações taoístas e os nirvanas budistas. Ao passo que o anarquismo social recorre ao povo buscando a revolução e a reconstrução da *sociedade*, a pequena burguesia enraivecida que povoa o mundo do anarquismo de estilo de vida invoca a rebelião episódica e a satisfação de suas "máquinas desejantes", para utilizar a fraseologia de Deleuze e Guattari.

---

[78] Alusão à revista *Anarchy: A Journal of Desire Armed.* [N. do T.]

Este enorme afastamento do compromisso histórico que anarquismo clássico possui com a luta social (sem o qual a autorrealização e a satisfação do desejo, em todas as dimensões, não apenas instintivas, não podem concretizar-se) vem inevitavelmente acompanhado de uma mistificação desastrosa da experiência e da realidade. A partir de uma lógica que beira o fetiche, o ego é considerado o único espaço de transformação e termina sendo idêntico ao "indivíduo soberano" do individualismo *laissez-faire*. Apartado de seus laços sociais, ele não chega à autonomia, mas à individualidade heterônoma da iniciativa pequeno-burguesa.

Na realidade, longe de ser livre, o ego e sua individualidade soberana estão completamente obrigados às leis aparentemente anônimas do mercado — leis da competição e da exploração —, o que transforma o mito da liberdade individual em outro fetiche, por razão da ocultação das implacáveis leis da acumulação do capital. O anarquismo de estilo de vida, com efeito, torna-se mais um agente da mistificação e da ilusão burguesa. Seus acólitos não são mais "autônomos" do que os movimentos da bolsa de valores, do que as flutuações de preço e os fatos mundanos do comércio burguês. Apesar de todas as reivindicações por autonomia, esse "rebelde" da classe média, com ou sem uma pedra nas mãos, *está totalmente preso às forças subterrâneas do mercado, que ocupam todos os espaços supostamente "livres" da vida social moderna*, das cooperativas de alimentos às comunas rurais.

O capitalismo está em torno de nós — não apenas em termos materiais, mas culturais. Como John Zerzan declarou, memoravelmente, a um confuso entrevistador que perguntou sobre o aparelho de televisão na casa deste inimigo da tecnologia: "assim como todas as outras pessoas, eu tenho de ser narcotizado".[79]

---

[79] Cf. *The New York Times*, 7 de maio de 1995. Pessoas menos sacrossantas do que Zerzan vêm tentando escapar do jugo da televisão e têm prazer com boa música, programas de rádio, livros e outras coisas do tipo. Elas apenas não compram essas coisas!

O próprio anarquismo de estilo de vida é um autoengano "narcotizante", que pode ser bem visto em *O único e sua propriedade* de Max Stirner, no qual a reivindicação da "unicidade" do único [ego] no templo do sacrossanto "eu" supera, de longe, as devoções liberais de John Stuart Mill. Na realidade, com Stirner, o egoísmo torna-se uma questão de epistemologia. Passando por cima das confusões que envolvem as contradições e as declarações tristemente incompletas que enchem *O único e sua propriedade*, nota-se que o único [ego] de Stirner é um mito, já que suas raízes encontram-se no "outro" — a própria sociedade. Na realidade, "a verdade não pode dar um passo a frente como você faz", discursa Stirner ao egoísta, "não pode mover-se, mudar, desenvolver-se; a verdade está reservada a você, e reforça tudo a partir de *você*, e ela mesma só existe através de você; porque ela só existe *na sua cabeça*."[80] O egoísta stirneriano despede-se da realidade objetiva, da realidade dos fatos sociais e, por meio disso, da transformação social fundamental e de todos os critérios e ideais éticos para além da satisfação pessoal em meio aos demônios escondidos do mercado burguês. Esta ausência de mediação subverte a própria existência do concreto, sem falar na autoridade do próprio único [ego] stirneriano — uma reivindicação tão abrangente que exclui as raízes sociais do eu e de sua formação histórica.

Nietzsche, independentemente de Stirner, levou essa visão da verdade à sua conclusão lógica, apagando a factualidade e a realidade da verdade como tal: "O que, então, é verdade?" perguntou ele. "Um exército móvel de metáforas, metonímias e antropomorfismos — em resumo, uma soma de relações humanas que foram acentuadas, transpostas e embelezadas poética e retoricamente."[81] Com mais franqueza que Stirner, Nietzsche sustentava que os fatos são simplesmente interpretações; na realidade, perguntou ele, "é necessário colocar um intérprete atrás

---

[80]Max Stirner. "My Self-Engagement". In: James Martin (org.).*The Ego and His Own*. Nova York: Libertarian Book Club, 1963, p. 352, grifos meus.

[81]Friedrich Nietzsche. "On Truth and Lie in an Extra-Moral Sense" (fragmento de 1873). In: *The Portable Nietzsche*, Walter Kaufman (org.). Nova York: Viking Portable Library, 1959

ANARQUISMO SOCIAL OU ANARQUISMO DE ESTILO DE VIDA

110 | das interpretações?". Aparentemente não, pois, "até mesmo isso é invenção, hipótese".[82] Seguindo a inexorável lógica de Nietzsche, permanecemos com um eu que não apenas cria essencialmente sua própria realidade, mas que também deve justificar sua *própria* existência, como algo mais do que uma mera interpretação. Tal egoísmo, dessa maneira, aniquila o próprio ego, que desaparece na névoa das próprias premissas não declaradas por Stirner.

De maneira similar, privado da história, da sociedade e da realidade dos fatos, além de suas próprias "metáforas", o anarquismo de estilo de vida subsiste em um domínio associal, no qual o ego, com seus enigmáticos desejos, dissipa-se em abstrações lógicas. Porém, reduzir o ego ao imediatismo intuitivo — fixando-o na simples animalidade, nos "limites da natureza", ou na "lei natural" — equivaleria a ignorar o fato de que ele é produto de uma história em permanente formação. Na realidade, de uma história que não se constitui somente de meros episódios e que deve valer-se da razão como guia para padrões de progresso e de regresso, de necessidade e de liberdade, de bom e de mau, e — sim! — de civilização e de barbárie. Um anarquismo que busque evitar, por um lado, os obstáculos de um abrupto solipsismo, e, por outro, a perda do "eu", considerando-o uma mera "interpretação", deve tornar-se explicitamente socialista ou coletivista. Isso significa dizer que este anarquismo deve ser um anarquismo *social*, que busque a liberdade por meio da estrutura e da responsabilidade mútua, e não por meio de um ego nômade e nebuloso, que se abstém das condições prévias da vida social.

Sendo direto: entre o socialismo do anarcossindicalismo e do anarcocomunismo (que nunca negaram a importância da autorrealização e da realização do desejo), e o individualismo, fundamentalmente liberal, do anarquismo de estilo de vida (que alimenta a ineficácia social, quando não a pura negação social), existe um divisor que não pode ser transposto, a não ser

---

[82]Idem. "Fragmento 481" (1883–1888). *The Will to Power*. Nova York: Random House, 1967, p. 267.

MURRAY BOOKCHIN

que desconsideremos completamente os objetivos, os métodos e a filosofia básica tão diferentes que os distinguem. O próprio projeto de Stirner, para dizer a verdade, surgiu a partir de um debate com o socialismo de Wilhelm Weitling e de Moses Hess, e ele invocou o egoísmo justamente para se contrapor ao socialismo. "Insurreição pessoal em vez de revolução geral, era a mensagem [de Stirner]", observa James J. Martin[83] — uma contraposição que subsiste no anarquismo de estilo de vida atual e nas suas filiações *yuppies*, e que se distingue do anarquismo social, o qual possui raízes na historicidade, na matriz social da individualidade e no seu compromisso com uma sociedade racional.

A real incongruência dessas mensagens — que se misturam no que há de mais essencial, e que coexistem em todas as páginas dos "fanzines" de estilo de vida — reflete a voz febril da pequena burguesia irrequieta. Se o anarquismo perder sua essência socialista e seu objetivo coletivista, se ele cair no estetismo, no êxtase, no desejo, no quietismo taoísta e na autoextinção budista substituindo a política, a organização e os programas libertários, ele não dará corpo a uma regeneração social e a um projeto revolucionário, mas à decadência social e à rebeldia egoísta e petulante. Pior, alimentará a onda de misticismo que já está empolgando prósperos jovens de hoje. A exaltação que o anarquismo de estilo de vida faz do êxtase, *certamente louvável quando inserida em uma matriz social radical*, mas neste caso descaradamente misturada com a "magia", vem absorvendo espíritos, fantasmas e arquétipos junguianos, em vez de criar uma consciência racional e dialética do mundo.

De maneira exemplar, a capa de um número recente do *Alternative Press Review* (outono de 1994), um periódico anarquista norte-americano feroz e bastante lido, estampa uma divindade budista de três cabeças em um sereno repouso nirvânico, contra um fundo aparentemente cósmico de galáxias rodopiantes e uma parafernália esotérica — uma imagem que poderia, sem maiores problemas, ser utilizada como o pôster

---

[83]James J. Martin. "Introduction". In: Max Stirner. Op. cit., p. xviii.

"Anarquia" da *Fifth Estate*, em uma loja *new age*. Do lado de dentro da capa, um anúncio exclama: "A vida pode ser mágica quando começamos a nos libertar" (a letra "A" de mágica está circulada) — à qual o leitor se sente obrigado a perguntar: *Como? Com o quê?* A própria revista contém um ensaio sobre ecologia profunda de Glenn Parton (retirado do periódico de David Foreman, *Wild Earth*) intitulado: "The Wild Self: Why I Am a Primitivist", enaltecendo os "povos primitivos", cujo "modo de vida adapta-se ao mundo natural previamente dado", lamentando a revolução do Neolítico e identificando como nossa "principal tarefa" a "desconstrução de nossa civilização e a restauração da vida selvagem". A arte da revista celebra a vulgaridade — crânios humanos e imagens de ruínas recebem muito destaque. A contribuição mais extensa, "Decadence", retirada de *Black Eye*, mescla o romântico com o lúmpen, concluindo exultante: "É hora de um verdadeiro feriado romano, podem trazer os bárbaros!".

Infelizmente os bárbaros já chegaram por aqui — e o "feriado romano", nas atuais cidades dos Estados Unidos, está repleto de crack, de brutalidade, de insensatez, de estupidez, de primitivismo, de anticivilizacionismo, de antirracionalismo e de uma considerável dose de "anarquia", se a considerarmos como sendo o caos. O anarquismo de estilo de vida deve ser compreendido no atual contexto social, que envolve guetos negros desmoralizados, subúrbios brancos reacionários e também as reservas indígenas, ostensivos centros de "primalidade" nos quais gangues de índios jovens trocam tiros entre si, o tráfico de drogas cresce a cada dia e os "*graffitis* saúdam os visitantes até mesmo no monumento sagrado de Window Rock", como relata Seth Midans ao *The New York Times* (3 de março de 1995).

Deste modo, uma extensa decadência cultural seguiu a degeneração da Nova Esquerda dos anos 1960, caindo no pós-modernismo e fazendo com que sua contracultura se transformasse em espiritualismo esotérico. Para os tímidos anarquistas de estilo de vida, a arte do Halloween e os artigos incendiários afastam, cada vez mais, a esperança e a compreensão da realidade. Divididos entre os atrativos de um "terrorismo cultural" e os centros budistas, os anarquistas de estilo de vida encontram--se, na verdade, num fogo cruzado entre os bárbaros do topo da sociedade (que estão em Wall Street e na City londrina), e os bárbaros da base (que estão nos obscuros guetos urbanos da Euro-América). Infelizmente, o conflito em meio ao qual se encontram — por toda sua celebração do modo de vida do lúmpen (para o qual os bárbaros corporativos não são mais estranhos hoje em dia) — contribui menos com a criação de uma sociedade livre, do que com uma guerra brutal para saber quem lucrará com a venda de drogas, de corpos humanos, com empréstimos exorbitantes — e não podemos nos esquecer das obrigações especulativas e das cotações internacionais.

Um retorno à mera animalidade — ou devemos chamar de "descivilização"? — não é um retorno à liberdade, mas ao instinto, ao domínio da "autenticidade", guiado mais pelos genes do que pelo cérebro. Nada poderia estar mais distante dos ideais de liberdade criados progressivamente pelas grandes revoluções do passado. E nada poderia ser mais inexorável na obediência cega aos imperativos bioquímicos, tais como o DNA, ou estar mais em contraste com a criatividade, com a ética e com a mutualidade, criadas pela cultura e pelas lutas por uma civilização racional. Não existe liberdade na "selvageria", se por "pura ferocidade" compreendemos os ditames inatos dos padrões comportamentais que moldam a mera animalidade. Demonizar a civilização, sem o devido reconhecimento de suas enormes potencialidades para a realização da liberdade autoconsciente — uma liberdade conferida pela razão e pela emoção, pela intuição e pelo desejo, pela prosa e pela poesia — é retornar ao mundo das sombras da brutalidade, quando o pensamento era débil e a ação do intelecto não passava de uma promessa evolucionista.

RUMO A UM COMUNALISMO DEMOCRÁTICO

Certamente, meu retrato do anarquismo de estilo de vida não está completo; o impulso personalista dessa argila ideológica permite que ela seja moldada de muitas formas, desde que palavras como *imaginação, sagrado, intuitivo, êxtase* e *primitivo* adornem sua aparência.

O anarquismo social, a meu ver, possui uma essência completamente diferente por ser herdeiro da tradição iluminista, com a devida consideração de seus limites e de suas imperfeições. Dependendo de como definirmos a razão, o anarquismo social pode celebrar a mente humana pensante sem, de forma alguma, negar a paixão, o êxtase, a imaginação, o divertimento e a arte. Contudo, em vez de materializar esses elementos em categorias nebulosas, ele busca incorporá-los na vida cotidiana. O anarquismo social compromete-se com a racionalidade, opondo-se à racionalização da experiência; com a tecnologia, opondo-se à "megamáquina"; com a institucionalização social, opondo-se ao sistema de classes e à hierarquia; com uma política genuína, baseada na coordenação confederal de municipalidades ou comunas, levada a cabo pelo próprio povo, com democracia direta cara-a-cara, opondo-se ao parlamentarismo e ao Estado.

Essa "comuna das comunas", para utilizar um *slogan* tradicional das antigas revoluções, pode ser chamada de comunalismo. Opondo-se à democracia no sentido de "governo", o comunalismo constitui a dimensão *democrática* do anarquismo, no sentido de uma administração majoritária da esfera pública. Em consequência, o comunalismo busca a liberdade e não a autonomia, no sentido que coloquei anteriormente. Ele rompe categoricamente com o único [ego] stirneriano boêmio, liberal e psicopessoal, por considerá-lo um soberano encerrado em si mesmo; afirma que a individualidade não surge do nada, enfeitada em seu nascimento com "direitos naturais", e concebe a individualidade, em grande medida, como um trabalho em constante mudança do desenvolvimento social e histórico; um processo de autoformação que não pode ser petrificado pelo biologismo e nem ser preso por dogmas limitados ao tempo.

O "indivíduo" soberano e autossuficiente não vem constituindo uma base segura para fundamentar uma perspectiva libertária de esquerda. Como observou uma vez Max Horkheimer,

MURRAY BOOKCHIN

a individualidade é prejudicada quando cada homem decide falar em sua própria defesa. [...] O indivíduo absolutamente isolado sempre foi uma ilusão. As qualidades pessoais mais estimadas, tais como a independência, o desejo pela liberdade, a simpatia e o senso de justiça são virtudes tão sociais quanto individuais. O indivíduo completamente desenvolvido é a realização de uma sociedade completamente desenvolvida.[84]

Se um projeto de sociedade futura da esquerda libertária não tem como objetivo desaparecer em uma promiscuidade boêmia e marginal, ele deve, necessariamente, oferecer uma solução para os problemas sociais, e não pular de um *slogan* para outro, protegendo-se da racionalidade por meio da poesia ruim e dos desenhos vulgares. A democracia não é antitética ao anarquismo; as decisões pela maioria e não consensuais também não são incompatíveis com uma sociedade libertária.

Deveria estar claro para qualquer um que não tenha sido entorpecido por Stirner ou por outros de seu tipo, que nenhuma sociedade pode existir sem estruturas institucionais. Ao negar as instituições e a democracia, o anarquismo de estilo de vida isola-se da realidade social, de maneira a poder enfurecer-se com tudo, a partir de uma raiva fútil, continuando, assim, a ser uma travessura subcultural para ingênuos jovens e entediados consumidores de roupas pretas e pôsteres excitantes. Defender que a democracia e o anarquismo são incompatíveis, justificando que qualquer impedimento dos desejos, mesmo que seja de "uma minoria de uma pessoa", constitui uma violação da autonomia pessoal, não significa defender uma sociedade livre, mas o "agrupamento de indivíduos" de Brown — em resumo, um bando. A "imaginação" nunca alcançará o "poder". O poder, *que sempre existirá*, pertencerá ou ao coletivo, em uma democracia cara a cara e claramente institucionalizada, ou aos egos de poucos oligarcas que produzirão uma "tirania da falta de estrutura".

Não sem justificativa, Kropotkin, em seu artigo da *Ency-*

---

[84]Max Horkheimer. *The Eclipse of Reason*. Nova York: Oxford University Press, 1947, p. 135.

ANARQUISMO SOCIAL OU ANARQUISMO DE ESTILO DE VIDA

clopaedia Britannica, considera o único [ego] stirneriano hierárquico, e por isso o despreza, acusando-o de ser elitista. Ele citou, com aprovação, a crítica que V. Basch fez do anarquismo individualista de Stirner, classificando-o como uma forma de elitismo e sustentando

que o propósito de toda civilização superior é não permitir que *todos* os membros da comunidade desenvolvam-se de forma normal, mas permitir que certos indivíduos mais capacitados "desenvolvam-se completamente", mesmo que isso aconteça às custas da felicidade e da vida das massas da humanidade.

No anarquismo, isso produz uma regressão

rumo ao individualismo mais comum, defendido por todas as pretensas minorias superiores, a quem, na realidade, o homem deve, em sua história, o Estado e todo o resto das coisas que esses individualistas combatem. Seu individualismo vai tão longe que acaba em uma negação do seu próprio ponto de partida — para não falar da impossibilidade do indivíduo em alcançar um desenvolvimento realmente completo nas condições de opressão das massas pelas "belas aristocracias".[85]

Em seu amoralismo, esse elitismo facilmente se presta ao aprisionamento das "massas", pois, no fim das contas, acaba por prendê-las aos "únicos", em uma lógica que pode produzir um princípio de liderança característico da ideologia fascista.[86]

Nos Estados Unidos e em grande parte da Europa, justamente no momento em que a desilusão massiva com relação ao Estado atingiu imensas proporções, o anarquismo está recolhido. A insatisfação com o governo cresce em ambos os lados do Atlântico — raramente, na memória recente, houve um sentimento popular de atração para uma nova forma de fazer política, ou mesmo para uma nova repartição social que pudesse dar ao povo um senso de direção, levando em conta a segurança e o significado ético. Se tivéssemos de apontar somente um motivo para o fracasso do anarquismo em aproveitar essa oportunidade, deveríamos responsabilizar o anarquismo

[85]Kropotkin, "Anarchism". Op. cit., pp. 287, 293.
[86]Ibidem, pp. 292–293.

MURRAY BOOKCHIN

de estilo de vida, por razão de seu isolamento e de seus funda- |117
mentos individualistas, que impedem um potencial movimento
libertário da esquerda de participar de uma esfera pública já
bastante reduzida.

O anarcossindicalismo possui seus méritos e, em seu apo-
geu, buscou engajar-se em uma prática cotidiana e criar um
movimento organizado — também estranho ao anarquismo
de estilo de vida — da classe operária. Seus maiores problemas
não estão nos seus desejos pela estrutura, pelo envolvimento,
por um programa e pela mobilização social, mas no declínio
da classe operária enquanto sujeito revolucionário, em particular após a Revolução Espanhola. Dizer que o anarquismo
é contra a política — concebida em seu significado original
grego, como a autogestão da comunidade; a histórica "comuna
das comunas" —, significa repudiar uma prática histórica e
transformadora, que busca radicalizar a democracia, inerente a
qualquer república, e criar um poder municipalista confederal
para contrapor o Estado.[87]

O aspecto mais criativo do anarquismo tradicional é o seu
compromisso com quatro princípios básicos: a confederação
de municipalidades descentralizadas, a firme oposição ao estatismo, a crença na democracia direta e o projeto de uma sociedade comunista libertária. A questão mais importante que a
esquerda libertária — o socialismo libertário e o anarquismo —

---

[87]Em sua repugnante resenha de meu livro *The Rise of Urbanization and the Decline of Citizenship* (publicado depois com o nome de *Urbanization Without Cities*), John Zerzan repete a falácia de que a Atenas clássica vem sendo "há muito tempo o modelo de Bookchin para a revitalização da política urbana". Na verdade, foi com muito trabalho que indiquei os fracassos da *pólis* ateniense (escravidão, patriarcado, antagonismos de classe e guerra). Meu lema: "Democratize a república, radicalize a democracia", que aponta para a república — com o objetivo explícito de criar um poder dual — é cinicamente truncado e transformado em outra coisa. "Devemos, ele [Bookchin] aconselha, lentamente expandir as 'instituições existentes' e 'tentar democratizar a república'". Essa manipulação enganosa de ideias é louvada por Lev Chernyi (vulgo Jason McQuinn), membro do *Anarchy: A Journal of Desire Armed* e da *Alternative Press Review*, em seu prefácio encorajador do *Futuro Primitivo* de Zerzan.

ANARQUISMO SOCIAL OU ANARQUISMO DE ESTILO DE VIDA

118 | enfrenta hoje é: o que *fazer* com esses quatro importantes princípios? Como daremos a eles *forma* e *conteúdo* social? De que *maneiras* e por que *meios* faremos com que eles sejam relevantes para nossa época, colocando-os a serviço de um movimento popular organizado pela capacitação e pela liberdade?

O anarquismo não deve ser dissolvido em comportamentos autoindulgentes como o dos adamitas[88] primitivistas do século xvi, que "perambulavam nus nas florestas, cantando e dançando", como observou desdenhosamente Kenneth Rexroth, investindo "seu tempo em uma ininterrupta orgia sexual" até serem perseguidos por Jan Zizka e exterminados — para a satisfação de uma repugnante classe agrária, cujas terras eles haviam pilhado.[89] O anarquismo não deve recolher-se à promiscuidade dos John Zerzan e dos George Bradford. Eu seria o último a afirmar que os anarquistas não devem viver seu anarquismo no dia a dia, o quanto for possível — pessoal e socialmente; estética e pragmaticamente. Mas não devem viver um anarquismo que diminua, ou na realidade que apague, os aspectos mais importantes que têm diferenciado o anarquismo, como movimento, prática e programa, do socialismo estatista. O anarquismo hoje deve conservar, com firmeza, seu caráter de movimento *social* — um movimento social militante e *programático* —, um movimento que declara seu projeto combativo por uma sociedade comunista libertária, com sua franca crítica ao capitalismo, o qual vem sendo obscurecido por termos como "sociedade industrial".

Em resumo, o anarquismo social deve afirmar, resolutamente, suas diferenças com o anarquismo de estilo de vida. Se um movimento social anarquista não puder traduzir seus quatro princípios — confederalismo municipal, oposição ao estatismo, democracia direta e comunismo libertário — em uma prática cotidiana, em uma nova esfera pública; se esses princípios se enfraquecerem como memórias de lutas passadas por

[88]Hereges que imitavam a nudez de Adão antes do pecado original. [N. do T.]

[89]Kenneth Rexroth. *Communalism*. Nova York: Seabury Press, 1974, p. 89.

MURRAY BOOKCHIN

meio de declarações e encontros cerimoniais; pior ainda, se eles | 119
forem subvertidos pela indústria do êxtase "libertária" e pelos
teísmos asiáticos quietistas, seu centro socialista revolucionário
terá de ser restabelecido sob um novo nome.

É certo que já não é mais possível, do meu ponto de vista,
chamar alguém de anarquista sem adicionar um adjetivo quali-
ficativo que o distinga dos anarquistas de estilo de vida. Minimamente, o anarquismo social está em imenso desacordo com
o anarquismo que se baseia prioritariamente no estilo de vida,
na invocação neossituacionista do êxtase e na soberania do ego
pequeno-burguês, cada vez mais decadente. Os dois divergem
completamente em seus princípios de definição — socialismo
ou individualismo. Entre um corpo revolucionário comprometido de ideias e práticas, e o anseio vagabundo do êxtase
e da autorrealização privados, nada pode haver em comum.
A mera oposição ao Estado pode muito bem unir o lúmpen
fascista com o lúmpen stirneriano, fenômeno que não deixa de
ter precedentes históricos.

1 de junho de 1995[90]

[90]Eu gostaria de agradecer minha amiga e companheira Janet Biehl por
sua inestimável ajuda na pesquisa de material para este texto.

A ESQUERDA QUE SE FOI
Uma reflexão pessoal

Eu GOSTARIA de recordar uma esquerda que se foi — uma esquerda idealista, muitas vezes coerente em termos teóricos que, combativamente, enfatizou seu internacionalismo, sua racionalidade no tratamento da realidade, seu espírito democrático e suas vigorosas aspirações revolucionárias. Numa retrospectiva de mais ou menos cem anos, é fácil encontrar muitos defeitos nessa esquerda que se foi; eu mesmo, investi muito da minha própria vida criticando os defeitos da esquerda (da maneira como eu os via) e muitas de suas premissas, como por exemplo sua ênfase na primazia histórica dos fatores econômicos (embora isso possa ser um exagero que ignora seu idealismo social), sua fixação no proletariado como uma classe "hegemônica" e sua falha na compreensão dos problemas colocados pelas posições de hierarquia e de dominação.

Porém, a esquerda que se foi — a esquerda do século XIX e do início do século XX — não contou com as nossas devastadoras experiências com o bolchevismo, e particularmente com o stalinismo, para corrigir suas fraquezas. Ela desenvolveu-se em uma época de um ascendente movimento massivo de trabalhadores — fundamentalmente um proletariado — que nada havia ganhado com as revoluções democráticas do passado (assim como os camponeses). A esquerda que se foi, entretanto, tinha aspectos que deveriam ser considerados imortais para *qualquer* movimento que busque criar um mundo melhor: uma rica generosidade de espírito, o compromisso com um mundo humanitário, um extraordinário grau de independência política, um vibrante espírito revolucionário e uma resoluta oposição ao capitalismo. Esses atributos eram característicos da esquerda que se foi, com o quê não me refiro à "velha esquerda" leninista ou à "nova esquerda" maoísta que se seguiu, mas às

A ESQUERDA QUE SE FOI

ideias essenciais e tradicionais da esquerda como tal. Atributos que *definiram* a esquerda, distinguindo-a do liberalismo, do progressivismo, do reformismo e de seus similares. Minha preocupação, é que esses atributos estão se enfraquecendo rapidamente na esquerda de hoje. Essa esquerda recuou para uma forma estridente de nacionalismo e de estatismo, supostamente por razão dos interesses pela "libertação nacional"; para um niilismo incipiente, supostamente sob a égide do pós--modernismo; para um provincianismo étnico, supostamente em nome do combate à discriminação racial. Novas versões de nacionalismo, uma falta de preocupação com a democracia e um setorialismo fragmentário rico em provincianismo. O dogmatismo e a intimidação moral transformaram o setorialismo e o provincianismo em um ataque que silencia todas as análises que vão além de meros *slogans* de adesivos de para-choques.

Muitas carreiras e reputações vêm sendo construídas por diversos "líderes" da esquerda de hoje, mais por vozes estridentes do que por critérios claros. Suas opiniões, completamente baseadas em *slogans*, não têm conteúdo, e sua verborreia demonstra pouco conhecimento sobre o fato de todos nós sermos, no fim das contas, uma comunidade de seres humanos, e podermos transcender os reflexos condicionados que minam nosso compromisso com o reconhecimento mútuo e com o cuidado de um para com o outro, assim como o cuidado para com o planeta. Não estou falando de uma "unidade" esotérica que ignora as divisões básicas de classe, de *status* e éticas da sociedade contemporânea, divisões que devem acabar por meio de uma transformação social radical. Estou discutindo a falha da esquerda de hoje em estabelecer qualquer afinidade com uma esquerda humanitária que se foi, aquela que proclamou nosso potencial na criação de uma humanidade e de uma civilização comuns.

Sei muito bem que essas observações serão consideradas insatisfatórias por muitas pessoas da esquerda de hoje. Porém, na esquerda que se foi, a classe trabalhadora era ao menos vista (ainda que de maneira equivocada) como a "classe que não é classe" — isto é, como uma classe particular que foi obrigada, por tendências inerentes ao capitalismo, a expressar os interesses *universais* da humanidade e sua potencialidade para criar uma sociedade racional. Essa noção, pelo menos, aceitava que havia interesses humanos universais, que poderiam ser evidenciados e realizados sob o socialismo, o comunismo ou o anarquismo. A esquerda de hoje está "desconstruindo" este encanto pela universalidade, a ponto de negar sua validade e opor-se à própria razão, fundamentando-se no argumento de que a razão é puramente analítica e "insensível". Nossa época herdou dos anos 1960 um grupo indiscriminado de interesses restritos — e, somos obrigados a adicionar, fascinantes carreiras universitárias — que tem reduzido as preocupações universais a preocupações particulares. O grande ideal de uma *humanidade* emancipada — esperançosamente, uma humanidade em harmonia com a natureza não humana — tem sido constantemente abandonado em favor de reivindicações particularistas, hegemonizadas pelas questões de gênero, étnicas, entre outras.

Essas questões ameaçam a esquerda de retroceder a um passado mais provinciano, excludente e hierárquico, na medida em que um grupo, independente de estar sozinho ou de acordo com outros, afirma que suas posições são superiores e que, portanto, devem conduzir a sociedade e guiar os movimentos à transformação social. Muitas pessoas da esquerda estão destruindo hoje uma grande tradição de solidariedade humana e uma crença na potencialidade da humanidade, que transcende a nacionalidade, a etnia, as diferenças de gênero e uma política de superioridade hegemônica.

Não posso expor aqui todos os detalhes do idealismo social, do humanismo e dos esforços de coerência teórica que fizeram a esquerda que se foi tão diferente dos discursos vazios da esquerda de hoje. Em vez disso, vou preferir tratar das tendências internacionalistas e confederalistas, do espírito democrático, do antimilitarismo e do secularismo racional, que se distinguiram de outros movimentos sociais e políticos de nossa época.

INTERNACIONALISMO, NACIONALISMO E CONFEDERAÇÃO

O nacionalismo que permeia muito da esquerda dos anos 1980 e 1990 (frequentemente em nome da "libertação nacional") era muito estranho à visionária esquerda do século XIX e do início do século XX. Ao utilizar a palavra *esquerda*, estou me referindo a um termo da Revolução Francesa de 1789-94, pois assim posso incluir nela vários pensamentos anarquistas e socialistas. A esquerda que se foi estabeleceu-se na Revolução Francesa, em oposição às deficiências da revolução, tais como a mensagem jacobina de "patriotismo" (contudo, mesmo essa noção "nacionalista" tinha suas raízes na crença de que a França pertencia ao seu povo e não ao rei — que foi obrigado a modificar seu título para rei dos franceses depois de 1789).

Afastada das referências dos revolucionários franceses à *patrie*, a esquerda que se foi considerava geralmente o nacionalismo algo regressivo, uma força divisora que separava os homens com a criação das fronteiras nacionais. A esquerda que se foi via *todas* as fronteiras nacionais como o arame farpado que compartimentava os seres humanos, dividindo-os de acordo com lealdades e compromissos particularistas, os quais obscureciam a dominação de todo povo oprimido pela camada social dominante.

Para Marx e Engels, os subjugados do mundo não tinham pátria. Eles tinham apenas a solidariedade internacional para sustentar-se; sua unidade como uma classe que era, historicamente, destinada a acabar com a sociedade de classes. Foi neste sentido que a retumbante conclusão do *Manifesto comunista* foi escrita: "Proletários de todos os países, uni-vos!". E no corpo dessa obra (que o anarquista Mikhail Bakunin traduziu para o russo), lemos: "Nas lutas nacionais dos proletários dos diversos países, [os comunistas] destacam e fazem prevalecer os interesses comuns a todo o proletariado, independentemente da nacionalidade".

Além disso, o *Manifesto* declara: "Os trabalhadores não têm pátria. Não podemos tomar deles aquilo que não pos-

MURRAY BOOKCHIN

suem". Marx e Engels deram seu apoio a algumas lutas de libertação nacional, em grande medida, por suas preocupações com questões de geopolítica, economia ou mesmo por razões sentimentais, mais do que por princípios, como no caso da Irlanda. Eles apoiaram o movimento nacional polonês, por exemplo, primeiramente porque queriam enfraquecer o Império Russo, que naqueles dias era o poder supremo contrarrevolucionário no continente europeu. Eles desejavam ver uma Alemanha unida, sustentando (de maneira equivocada, a meu ver) que o Estado Nação era desejável, pois proporcionaria um espaço mais adequado para o desenvolvimento do capitalismo, o qual era considerado historicamente um progresso (também de maneira equivocada, a meu ver). Porém, eles nunca atribuíram quaisquer virtudes ao nacionalismo, como um fim em si mesmo.

Foi Friedrich Engels que popularizou e divulgou o pensamento de Marx, considerando o Estado Nação "a constituição política comum da burguesia europeia", conforme uma carta enviada a Karl Kautsky, apenas um mês antes de Marx, debilitado fisicamente, morrer. Ao tratar a luta da Polônia pela independência da Rússia, a carta de Engels demonstrava aquilo que Paul Nettl chamou de "preocupação limitada" com a "ressurreição" do país. Essa carta geraria mais tarde muitos danos ao movimento marxista: ela produziu partidos que se autoproclamaram marxistas, como o Partido Social-Democrata Alemão que, com uma desculpa de apoiar seu próprio país em agosto de 1914, destruiu, na sequência, o internacionalismo proletário, durante a Primeira Guerra Mundial.

Porém, mesmo dentro do movimento marxista, a "preocupação limitada" de Engels com o nacionalismo não prosseguiu incontestada no período pré-1914. A recusa de Rosa Luxemburgo em curvar-se às tendências nacionalistas no Partido Socialista Polonês foi de notável importância para a perpetuação do legado internacionalista do socialismo — ela era uma das principais militantes daquele partido, e também do Partido Social-Democrata Alemão e da Segunda Internacional. Suas visões gerais eram consistentes em termos revolucionários; o

A ESQUERDA QUE SE FOI

126 | ideal socialista de alcançar uma humanidade comum, sustentava ela, era incompatível com o provincianismo nacionalista. Já em 1908, Luxemburgo escrevia:

> Falando do direito de autodeterminação das nações, não precisamos *da ideia de nação como um todo*. Ela torna-se apenas uma unidade política e social (para propósitos de medição). Porém, foi exatamente esse conceito de nações, como uma das categorias da ideologia burguesa, que a teoria marxista atacou mais ferozmente, apontando-o por termos como "autodeterminação nacional", "liberdade do cidadão" ou "igualdade perante a lei" — que ocultam a todo tempo um significado distorcido e limitado. Em uma sociedade baseada nas classes, a nação como um todo uniforme social-político simplesmente não existe. Em vez disso, existem, dentro de cada nação, classes com interesses e "direitos" antagônicos. Em termos literais, não há arena social — desde o relacionamento material mais forte, até o mais frágil — em que as classes possuidoras e um proletariado autoconsciente poderiam ter a mesma posição e figurar como um todo nacional indiferenciado. (grifos meus)

Ela expressou essas posições, mais nitidamente, com relação aos impérios russo, otomano, austro-húngaro e outros impérios da época, sendo apoiada por um considerável número de pessoas do movimento socialista. Conforme se viu mais tarde, devo notar, Luxemburgo sofreu amarga oposição neste ponto por dois dos mais insípidos divulgadores das teorias de Marx — Karl Kautsky, do Partido Social-Democrata Alemão e George Plekhanov, do Partido Social-Democrata Russo, sem falar de militantes como Josef Pilsudski, do Partido Socialista Polonês, que se tornaria o notório "homem-forte" da Polônia durante o período entreguerras. Foi Lenin, em particular, que apoiou as "lutas nacionais", em grande medida por razões oportunistas, e por noções que derivam da visão de Engels do Estado Nação como um elemento historicamente "progressivo".

Os anarquistas foram ainda mais hostis do que muitos socialistas marxistas em sua oposição ao nacionalismo. Os teóricos e militantes anarquistas opuseram-se à formação dos Estados Nação em todos os lugares do mundo; uma posição que os colocou, politicamente, muito à frente dos marxistas. Qualquer

MURRAY BOOKCHIN

aprovação do Estado Nação e de uma entidade centralizada | 127
de qualquer tipo ia na contramão do antiestatismo anarquista
e de seu compromisso com uma concepção generalizada de
humanidade.

As visões de Bakunin sobre a questão do nacionalismo eram
muito francas. Sem negar o direito de todo grupo cultural, na
realidade da "mínima unidade de um povo", de desfrutar da
liberdade de exercer seus próprios direitos enquanto comunidade, ele advertiu:

Deveríamos colocar a justiça universal e humana acima de todos
os interesses nacionais. E deveríamos abandonar o falso princípio
da nacionalidade, inventado nos últimos tempos pelos déspotas da
França, da Rússia e da Prússia, com o propósito de esmagar o princípio soberano da liberdade [...]. Qualquer um que, sinceramente,
deseje a paz e a justiça internacional, deve renunciar à glória, à força
e à grandeza da pátria, deve renunciar a todos os interesses egoístas e
fúteis do patriotismo.

Em severa oposição à prioridade do Estado nas funções
sociais de coordenação, os teóricos anarquistas desenvolveram
a noção fundamental de confederação, na qual as comunas
ou as municipalidades, em várias regiões, poderiam unir-se
livremente por meio de delegados revogáveis. As funções desses delegados confederais seriam estritamente administrativas.
A determinação de políticas deveria ser deixada às próprias
comunas e municipalidades (apesar de não haver um acordo
claro entre os anarquistas sobre como o processo de tomada
de decisões funcionaria).

O confederalismo — como alternativa ao nacionalismo e
ao estatismo — não é uma construção puramente teórica. Em
termos históricos, o confederalismo e o estatismo vêm estando
em conflito, um com o outro, há séculos. Esse conflito remonta
a um passado distante, tendo surgido, muito nitidamente, durante a época das revoluções proletárias e democráticas, em
particular na Itália e na Espanha do século XIX — e novamente
na Espanha, durante a revolução de 1936.

Na realidade, o anarquismo espanhol, o maior dos mo-

128 vimentos anarquistas na Europa, opôs-se completamente ao nacionalismo catalão, apesar de seus maiores adeptos, nos anos 1930, terem sido recrutados do proletariado catalão. A determinação dos anarquistas para a promoção do internacionalismo era tamanha, que foram estabelecidos clubes nas mais diversas localidades, entre os anarquistas espanhóis, visando promover a utilização do esperanto como um idioma utilizado em todo mundo. Muito mais éticos, inclusive do que Luxemburgo, os anarquistas geralmente promoviam os chamados "direitos abstratos", que estavam fundamentados na universalidade e na solidariedade humana; uma posição que se opôs ao particularismo institucional e ideológico que dividia os homens.

O COMPROMISSO COM A DEMOCRACIA

A esquerda que se foi considerava qualquer diminuição da livre expressão detestável e reacionária. Com poucas exceções (as posições de Lenin, por exemplo), toda a esquerda do século XIX e do início do século XX era alimentada pelos ideais da "gestão popular" e da radicalização da democracia, frequentemente em severa oposição ao método autoritário, que marcou a fase jacobina da Revolução Francesa.[1] Mesmo Marx e Engels — que não eram, de maneira alguma, *democratas*, no sentido de serem comprometidos com a democracia cara a cara — escreveram no *Manifesto comunista* que "a elevação do proletariado a classe dominante [é] a conquista da democracia" — uma clara evidência de que a "democracia burguesa" havia falhado em seus objetivos e em seus ideais. Na realidade, com a eliminação das classes e do sistema de classes pelo proletariado, esperava-se produzir "uma associação em que o livre desenvolvimento de cada um será a condição do livre desenvolvimento de todos" — uma posição que literalmente se torna um *slogan* comparável

---

[1] A palavra *democracia*, devo notar, modificou-se muito e teve diferentes significados que foram desde a assembleia e a expressão livres, sob as instituições republicanas — a posição socialista mais conhecida — até a democracia cara a cara — a posição anarquista mais conhecida.

ao "Proletários de todos os países, uni-vos!" e que persistiu bastante na esquerda dos anos 1930.

Como marxista, Luxemburgo nunca se desviou desta posição de 1848. Na realidade, sua posição sobre a revolução estava completamente ligada a um proletariado que, a seus olhos, não só estava preparado para tomar o poder, mas era fortemente consciente de sua tarefa humanística por razão da experiência e do intercâmbio na livre discussão. Por isso, sua firme crença de que a revolução não seria obra de um partido, mas do próprio proletariado. O papel do partido era educar e não comandar. Em sua crítica da revolução bolchevique, escrita apenas seis meses antes de ela ser assassinada — resultado do fracasso do levante espartaquista, de janeiro de 1919 — Luxemburgo declarou:

A liberdade somente para aqueles que apoiam o governo [bolchevique], apenas para os membros de um partido — por mais numeroso que ele seja — não é, de maneira alguma, liberdade. A liberdade é sempre e exclusivamente liberdade para aquele que pensa diferente. Não por razão de qualquer concepção fanática de "justiça", mas porque tudo o que é instrutivo, benéfico e purificador na liberdade política depende dessa essencial característica, e sua efetividade desaparece quando a "liberdade" torna-se um privilégio especial.

Apesar de seu apoio à Revolução Russa, Luxemburgo atacou Lenin severamente nessa questão, ainda em 1918, nos mais duros termos:

Lenin está completamente equivocado nos meios que emprega. Decreto, força ditatorial do inspetor de fábrica, penas draconianas, controle pelo terror; todas essas coisas são somente paliativas. O único caminho para o renascimento é a escola da própria vida pública, as mais ilimitadas, as mais amplas democracia e opinião pública. É o controle pelo terror que desmoraliza.

E com rara premonição para aquele momento do movimento revolucionário, ela advertiu que a ditadura do proletariado, sendo este reduzido a uma simples elite, resultaria em uma "brutalização da vida pública", assim como enfim ocorreu sob o regime stalinista.

A ESQUERDA QUE SE FOI

Com a repressão da vida política em toda a região, a vida nos sovietes tornar-se-á, também, paralisada. [...] A vida extingue-se em toda instituição pública, torna-se uma mera aparência da vida, na qual apenas a burocracia continua como elemento ativo.

Para os anarquistas, a democracia tinha um significado menos formal e mais substantivo. Bakunin, diferenciando suas posições da concepção abstrata do cidadão de Rousseau, declarou:

Não, eu tenho em mente apenas a liberdade digna desse nome, a liberdade que consiste no completo desenvolvimento de todas as faculdades morais, intelectuais e materiais que estão latentes em todos os homens; uma liberdade que não reconhece outras restrições além daquelas determinadas pelas leis de nossa própria natureza, que, no sentido exato, é o equivalente a dizer que não existem restrições, de qualquer forma, visto que essas leis não são impostas por algum legislador que está de fora, próximo ou acima de nós. Essas leis são intrínsecas e inerentes a nós; elas constituem a base real de nossa existência moral, intelectual e material; e em vez de encontrarmos nelas limites à nossa liberdade, devemos considerá-las como suas reais condições e como sua razão efetiva.

A "liberdade" de Bakunin é, de fato, a realização da potencialidade humana e a tendência intrínseca de ela realizar-se em uma sociedade anarquista. Portanto, essa "liberdade [...], longe de encontrar-se limitada pela liberdade dos outros, é, ao contrário, confirmada por ela". E ainda:

entendemos por liberdade, do ponto de vista positivo, o desenvolvimento, da maneira mais completa possível, de todas as faculdades que o homem tem dentro de si mesmo, e, do ponto de vista negativo, a independência da vontade de cada um em relação a vontade dos outros.

ANTIMILITARISMO E REVOLUÇÃO

A esquerda que se foi tinha muitos pacifistas, mas suas tendências mais radicais evitavam a não violência, comprometendo-se mais com o *antimilitarismo* do que com o pacifismo — uma postura social e combativa. Sua posição era que o militarismo significava uma sociedade controlada, uma subordinação dos direitos democráticos em situações de crise, tais como guerra ou, no caso, revolução. O militarismo apontava para a obediência das massas e as condicionava aos imperativos de uma sociedade de comando.

Porém, o que exigia a esquerda que se foi não era a imagem simbólica do "rifle quebrado" — muito na moda atualmente nas butiques pacifistas —, mas o treinamento e o armamento do povo com objetivos revolucionários, exclusivamente por meio de milícias democráticas. Uma resolução escrita por Luxemburgo e Lenin (um raro acontecimento) e adotada pela Segunda Internacional, em 1906, declarava que se

vê na organização democrática do exército, na milícia popular, em vez do exército em organização vertical, uma garantia essencial para prevenir guerras agressivas e facilitar o término das diferenças entre nações.

Isso não era somente uma resolução antiguerra, ainda que o principal objetivo da declaração fosse a oposição à guerra, que rapidamente se aproximava. Armar o povo era um princípio básico da esquerda que se foi, e as pias demandas pelo controle de armas, realizadas pela esquerda de hoje, seriam totalmente estranhas ao pensamento da esquerda que se foi. Mais recentemente, na década de 1930, o conceito do "povo em armas" permanecia um princípio básico dos socialistas independentes, sem falar dos anarquistas, movimentos que estavam presentes em todo o mundo, incluindo os Estados Unidos, como bem me lembro. A noção de instruir as massas para confiar a segurança pública à polícia e ao exército — quase que dar a outra face diante da violência — teria sido considerada abominável.

Não surpreende que os anarquistas revolucionários fossem ainda menos ambíguos que os socialistas. Em contraste com a milícia controlada pelo Estado, que a Segunda Internacional preparava-se para aceitar com a resolução de 1906 citada anteriormente, os anarquistas buscavam o armamento das massas. Na Espanha, as armas eram fornecidas aos militantes anarquistas desde o início do movimento. Os operários e camponeses

A ESQUERDA QUE SE FOI

confiavam em si mesmos, não na generosidade das instituições estatais, para obter os meios da insurreição. Assim como para os anarquistas a democracia significava democracia direta, o antimilitarismo significava que se devia compensar o monopólio da violência do Estado com um movimento popular armado — e não apenas uma milícia subsidiada pelo Estado.

SECULARISMO E RACIONALISMO

Faltou adicionar que os anarquistas, e em grande medida os socialistas revolucionários da esquerda que se foi, não apenas falavam dos interesses gerais da humanidade, mas renunciavam qualquer corpo de ideias e de preconceitos que negasse à humanidade seu lugar natural no esquema das coisas. Consideravam a adoração das deidades, uma forma de subjugar as criações humanas, uma ilusão da realidade e uma manipulação dos medos humanos, da alienação e da anomia, realizadas por elites que defendiam uma ordem social de opressão. Geralmente, a esquerda que se foi reivindicava com coragem a herança racionalista do Iluminismo e da Revolução Francesa, ainda que muito disso tenha levado os marxistas às ideias mecanicistas. Além disso, as formas orgânicas de razão, apropriadas de Hegel, concorriam com o mecanicismo e com o empirismo convencional. Quando, entre os anarquistas, as noções intuitivas disputavam espaço com as materialistas, elas atraíam diversos artistas ao movimento ou mesmo às ideias anarquistas. Entretanto, o racionalismo não impediu as abordagens emocionais, que alimentaram um socialismo em grande medida moral, frequentemente indistinguível das perspectivas libertárias. Porém, quase todas as tentativas, com algumas exceções individuais, tinham por objetivo interpretar as abordagens emocionais, orgânicas e mecanicistas da realidade a partir de uma estrutura racional — visando realizar uma abordagem *coerente* da análise e da transformação social.

O fato desse esforço ter conduzido a tendências desiguais na esquerda que se foi não deveria nos surpreender. A noção de uma sociedade racional, alcançada por meios morais, racionais e por sentimentos idealistas, unificava a esquerda que se foi. |133

Poucos nessa esquerda teriam aceitado a noção de razão como "intrusa", desenvolvida por William Blake, ou as abordagens pós-modernas, que consideram a coerência "totalitária".

A esquerda que se foi dividia-se em relação à questão de haver ou não uma evolução pacífica, na verdade reformista, do capitalismo para o socialismo, ou se um rompimento insurrecional com o sistema capitalista era inevitável. A cautela da esquerda que se foi com relação às reformas pode, talvez, ser evidenciada pelos debates entre as esquerdas ocidentais que, anos atrás, discutiam se deveriam ou não lutar pela jornada de oito horas de trabalho, já que muitos acreditavam que isso tornaria o capitalismo mais agradável para a classe trabalhadora. Na Rússia czarista, a esquerda debateu seriamente se suas organizações deveriam tentar suavizar as condições de penúria dos camponeses, com receio de que seus caridosos esforços pudessem desviar a raiva dos camponeses do regime czarista.

Porém, por mais sérias que fossem essas diferenças, as defesas das reformas como fins em si mesmas nunca estiveram presentes na ideologia da esquerda. A esquerda *revolucionária* — que definiu, verdadeiramente, os movimentos socialistas e anarquistas como parte da esquerda — certamente não queria melhorar o sistema capitalista e muito menos dar a ele uma "face humana". "O capitalismo com uma face humana" é uma expressão que deve ser considerada uma contradição de termos. A esquerda que se foi esperava superar o capitalismo e iniciar um sistema social radicalmente novo e não racionalizar a ordem existente, tornando-a aceitável para as massas.

A participação nas lutas pelas reformas era vista como um meio de *educar* as massas, não uma forma de fazer caridade ou de melhorar as condições materiais. As demandas por reformas foram sempre permeadas por uma mensagem mais ampla de que a reconstrução social fundamental era necessária. A luta pela jornada de oito horas, anos atrás, e as greves por melhores condições de vida, sem falar nas melhorias das leis trabalhistas, eram vistas como meios de mobilização dos oprimidos para engajá-los nas lutas e descobrir os limites — e o básico irracionalismo — do capitalismo. Não eram, portanto, simples ou expressivos meios de tornar melhor a vida sob o capitalismo. Só muito mais tarde as reformas passaram a ser defendidas por autoproclamados partidos de esquerda, candidatos, deputados e devotos da classe trabalhadora, dos pobres, dos idosos, como técnicas para "humanizar" o capitalismo ou tornar os candidatos de esquerda mais populares — e elegíveis para os cargos públicos.

A reivindicação de melhores condições de vida e de trabalho era vista como um meio de questionar diretamente o "sistema de salários" e a soberania do capital. Mesmo os socialistas "evolucionários" ou "reformistas", que esperavam uma transição fácil do capitalismo para o socialismo, eram revolucionários, no sentido de que acreditavam que o capitalismo tinha de ser substituído por uma ordem social radicalmente nova. Seus conflitos com os socialistas revolucionários e anarquistas, no contexto da esquerda que se foi, dava-se na discussão que buscava responder se o capitalismo *poderia* ser substituído por mudanças graduais e não se a ele poderia ser conferida uma "face humana". A Primeira Guerra Mundial e as revoluções que se seguiram deixaram o socialismo reformista em frangalhos — mas também produziram uma esquerda que se afastou radicalmente de muitos dos princípios básicos da esquerda que se foi.

A PRIMEIRA GUERRA MUNDIAL E O BOLCHEVISMO

A eclosão da Primeira Guerra Mundial, a Revolução bolchevique de 1917 e o assassinato de Rosa Luxemburgo e Karl Liebknecht no levante da Liga Espartaquista de janeiro de 1919 (um esboço do derramamento de sangue socialista que aconteceu com o consentimento indireto dos social-democratas alemães no governo) causaram uma grande ruptura na história da esquerda.

Com a eclosão da guerra, quase todos os partidos socialistas

MURRAY BOOKCHIN

da Europa cederam ao nacionalismo e suas frações parlamenta- | 135
res aprovaram os créditos de guerra a seus respectivos Estados
capitalistas. Nem as atitudes de alguns anarquistas de grande
destaque, como no caso de Kropotkin, provaram ser mais de-
centes do que as dos "patriotas sociais", utilizando a alcunha
de Lenin para os líderes socialistas alemães e franceses que
apoiaram um ou outro lado na guerra.

As razões dessa ruptura na esquerda que se foi exigiriam um
estudo a parte. Nem a tomada do poder pelos bolcheviques em
1917 resolveu a questão. Muito pelo contrário; ela a evidenciou,
não somente pela inevitável polarização entre o bolchevismo e
a social-democracia, mas também devido aos elementos autoritários, que sempre estiveram presentes no movimento revolucionário russo, altamente conspirador. O partido bolchevique
tinha pouco compromisso com a democracia popular. Lenin
nunca considerou a "democracia burguesa" algo além de um
instrumento que poderia ser utilizado ou descartado conforme
exigisse a conveniência. Havia muitas pressões sobre o regime
de maioria bolchevique formado naquela ocasião (que contava,
no início, com os socialistas revolucionários de esquerda): o
exército alemão no *front* oriental, a guerra civil incrivelmente
selvagem que se seguiu à revolução, o isolamento dos bolcheviques em relação aos trabalhadores e camponeses, no início
dos anos 1920, e a tentativa dos marinheiros de Kronstadt de
retomar uma democracia de sovietes, suprimida pela burocracia do partido bolchevique. Tantas pressões combinadas
trouxeram à tona os principais aspectos da posição centralista
de Lenin, assim como sua posição oportunista em relação à democracia. Desde o início dos anos 1920, todos os membros da
Internacional Comunista vinham sendo "bolchevizados" por
Zinoviev e seus sucessores stalinistas, até o compromisso do
socialismo com a democracia ser marginalizado e severamente
enfraquecido nos partidos comunistas em todo o mundo.

Não menos importante para o enfraquecimento da esquerda que se foi foram os vários mitos, popularizados por
Lenin, de que o capitalismo tinha entrado em um estágio único
e "final" de seu desenvolvimento; um estágio marcado pelo

A ESQUERDA QUE SE FOI

"imperialismo" e pelas "lutas de libertação nacional" espalhadas pelo mundo. Aqui, de novo, a posição de Lenin é muito complexa para ser tratada superficialmente; mas o importante é que o tradicional internacionalismo, que marcou a esquerda que se foi, foi cedendo espaço para uma ênfase nas lutas de "libertação nacional", ora com a intenção de enfraquecer o imperialismo ocidental, ora para alimentar o desenvolvimento econômico em países colonizados, colocando assim o conflito de classes interno desses países na ordem do dia entre as pautas nacionais.

É certo que os bolcheviques não abandonaram a retórica do internacionalismo; não da maneira que fizeram os social-democratas. Porém, as lutas de "libertação nacional" (que os bolcheviques reverenciavam amplamente dentro de casa, depois de terem tomado o poder na recém-formada União Soviética) alimentaram de forma indiscriminada um compromisso da esquerda com a formação de novos Estados Nação. O nacionalismo ia, cada vez mais, para o primeiro plano da teoria e da prática socialistas. Não surpreende que o primeiro "Comissário do povo para as nacionalidades" na nova União Soviética tenha sido Josef Stalin, que mais tarde alimentou essa tendência nacionalista no marxismo-leninismo e que, durante e depois da Segunda Guerra Mundial, deu a ela uma qualidade claramente "patriótica" na URSS. Expressões reivindicando a União Soviética como a "pátria da classe operária" foram onipresentes entre os comunistas no período entreguerras, e seus partidos foram moldados pelo centralismo do Partido Bolchevique, permitindo a ostensiva intervenção de Stalin em seus assuntos.

Em 1936, a política da Internacional Comunista (ou do que sobrou dela) deu uma nítida guinada em relação aos ideais que outrora guiavam a esquerda que se foi. Luxemburgo, mais respeitada como mártir do que como teórica, foi desacreditada pela conspiração stalinista, quando não totalmente ignorada.

A Segunda Internacional[2] foi essencialmente moribunda. O idealismo começou a dar lugar a um oportunismo amoral e a um antimilitarismo que foi, de várias maneiras, enfatizado, rejeitado ou modificado, visando servir à política externa do regime stalinista.

Em 1939, entretanto, havia uma oposição a essa degeneração das ideias que definiram a esquerda que se foi sendo realizada por setores mais à esquerda de alguns partidos socialistas, por anarquistas e comunistas dissidentes.

A esquerda que se foi não desapareceu sem enérgicos debates sobre esses ideais ou sem tentativas de manter suas premissas históricas. Seus ideais permaneceram no topo da agenda revolucionária durante todo o período entreguerras, não apenas como fonte de polêmicas, mas como parte de um confronto armado na Revolução Espanhola de 1936. Grupos e partidos de esquerda ainda disputaram questões como internacionalismo, democracia, antimilitarismo, revolução e relação com o Estado — disputas que conduziram a furiosos conflitos, interna e externamente aos partidos. Essas questões marcaram toda uma época antes de começarem a enfraquecer — e seu enfraquecimento alterou a própria definição da esquerda.

A ESQUERDA E A "GUERRA FRIA"

A "Guerra Fria" invadiu a agenda humanista da esquerda que se foi, transformando a maior parte das organizações da esquerda em partidárias do Ocidente ou do Oriente, e introduzindo nela um "anti-imperialismo" dúbio, que se tornou a política da Guerra Fria. A "libertação nacional" tornou-se um elemento central tanto na "Nova Esquerda" quando na "Velha Esquerda", pelo menos em suas vertentes stalinistas, maoístas e castristas.

Deve-se entender — o que essa esquerda não fez — que o imperialismo não é uma exclusividade do capitalismo. Como meio de exploração, de homogeneização cultural e fonte de

---

[2]Provavelmente o autor refere-se à Terceira Internacional (Comintern), fundada em 1919. [N. do E.]

A ESQUERDA QUE SE FOI

138 | impostos, ele existiu por toda a parte na Antiguidade, na Idade Média e no início da Era Moderna. Na Antiguidade, a hegemonia imperial da Babilônia foi seguida pela de Roma e pelo Sacro Império Romano medieval. Na realidade, durante toda a história, houve Estados africanos, indianos, asiáticos e, nos tempos modernos, Estados "subimperialistas" expansionistas e exploradores que eram mais pré-capitalistas do que capitalistas em sua essência. Já que "a guerra é a saúde do Estado", ela muitas vezes traduziu-se em expansionismo (ou seja, imperialismo) dos Estados que comandam o mundo e até de seus Estados clientes.

No início do século xx, os vários escritos sobre imperialismo — de J. A. Hobson, Rudolf Hilferding, Lenin, entre outros — não criaram o conceito de imperialismo. Eles adicionaram novos aspectos, especificamente capitalistas, às primeiras caracterizações do imperialismo, tais como a "exportação de capital" e o impacto do capitalismo sobre o desenvolvimento econômico dos países colonizados. Porém, o capitalismo também exportou, como vingança, somando-se ao próprio capital, o nacionalismo (não apenas as demandas por autonomia cultural), fundamentalmente na forma de Estados Nação centralizados. Na realidade, o Estado Nação centralizado foi exportado para povos que poderiam ter desenvolvido formas confederais de lutas e uma reconstrução social, afirmando sua singularidade cultural e seu direito a autogestão. Devo enfatizar que minhas críticas ao nacionalismo e ao estatismo não têm como objetivo rejeitar as genuínas aspirações de grupos culturais por uma expressão integral e pelo autogoverno. Falo dos esforços que são feitos para subverter sua singularidade cultural e seus direitos à liberdade. A questão com a qual estou preocupado é como se expressa essa autonomia cultural e quais são as *estruturas institucionais* estabelecidas para sua própria administração, como entidades culturais singulares. A integridade cultural de um povo não tem de ser encarnada na forma de um Estado Nação. Ela deve, do meu ponto de vista, ser expressada em formas que preservem tradições e práticas culturais valiosas, por meio de instituições confederais e sob a autogestão. Objetivos como

MURRAY BOOKCHIN

estes foram promovidos e apreciados pela grande maioria dos anarquistas e socialistas libertários, e até por certos marxistas, na esquerda que se foi.

Em vez disso, o que aconteceu é que a exportação do Estado Nação corrompeu não apenas a esquerda moderna, mas a própria condição humana. Em anos recentes, a "balcanização" e o provincianismo tornaram-se um fenômeno vicioso de proporções desastrosas. O colapso do império russo, bastante descrito recentemente, resultou em sangrentas lutas nacionais e em aspirações para a formação de Estados que estão colocando em oposição comunidades culturalmente desiguais, umas contra as outras, ameaçando um retorno ao barbarismo. Os ideais internacionalistas desenvolvidos pela esquerda que se foi, em particular no antigo "bloco socialista", foram substituídos por um desagradável e preconceituoso provincianismo — dirigido geralmente contra judeus e, em grande parte da Europa, contra os "trabalhadores estrangeiros" de todas as partes do mundo. No Oriente Médio, na África, na Ásia e na América Latina, os povos colonizados, ou aqueles outrora colonizados, desenvolveram vontade própria e muitos daqueles que agora se passam por antigas colônias libertadas dos poderes imperialistas euro-americanos estão adotando posições brutalmente imperialistas.

É desastroso para a emergência de uma autêntica esquerda que os membros da esquerda nos Estados Unidos e na Europa fechem os olhos para o pavoroso comportamento de algumas colônias antigas, em nome do "socialismo", do "anti-imperialismo", e é claro, da "libertação nacional". A esquerda de hoje não é menos vítima da "Guerra Fria" do que os povos colonizados que nela tiveram menor importância. Os membros da esquerda praticamente abandonaram os ideais da esquerda que se foi e, ao fazerem isso, passaram a aceitar um certo *status* de cliente todo particular — primeiro, nos anos 1930, apoiando a "pátria dos trabalhadores" no Oriente e, mais recentemente, apoiando as antigas colônias em suas próprias aventuras imperialistas.

O que importa não é se esses membros da esquerda na

A ESQUERDA QUE SE FOI

Europa ou nos Estados Unidos apoiam ou não Estados Nação "libertados", recém-emergentes, subimperialistas ou imperialistas. Se os membros da esquerda "apoiam" esses Estados Nação e seus esforços, para esses Estados, isso não tem qualquer importância. O que importa de fato (e o que é a mais séria tragédia), é que esses membros da esquerda raramente questionam se os povos que eles apoiam preferem regimes estatistas ou associações confederais, se oprimem outras culturas, sua própria população ou outras populações — sem falar se eles próprios deveriam apoiar, igualmente, um Estado Nação.

Na realidade, muitos membros da esquerda consentiram com o hábito de opor-se ao imperialismo dos super-poderes em uma simples reação aos blocos alinhados na "Guerra Fria". Essa mentalidade de "Guerra Fria" persiste ainda depois de ela ter terminado. Mais do que nunca, a esquerda de hoje é obrigada a perguntar se seus interesses "anti-imperialistas" e de "libertação nacional" ajudam a alimentar a emergência de *mais* Estados Nação e de *mais* rivalidades étnicas e "subimperialistas". Deveríamos nos perguntar: que caráter o anti-imperialismo está tomando hoje? Ele está sustentando as rivalidades étnicas, a emergência de tiranias internas, as ambições subimperialistas e o extraordinário conjunto de regimes militares?

É claro que o provincianismo preconceituoso é um produto do nacionalismo e do estatismo, ambos "anti-imperialistas", que tem sido alimentado pela "Guerra Fria" e pela subordinação de razoáveis membros da esquerda aos conflitos stalinistas e maoístas adornados com uma roupagem de "libertação nacional". O provincianismo pode também funcionar internamente, em parte, como uma extensão da "Guerra Fria" nas esferas domésticas da vida. Porta-vozes autoautorizados de grupos étnicos que literalmente colocam grupos raciais uns contra os outros, desclassificando uns (por qualquer razão) para reforçar outros; porta-vozes de grupos de gênero, que fazem a mesma coisa que esses grupos étnicos, opondo-se a seus semelhantes, assim como porta-vozes de grupos religiosos, que também fazem o mesmo em relação a outros grupos religiosos — todos refletem desenvolvimentos atávicos que não teriam tido

espaço na esquerda que se foi. Não está em questão aqui se os | 141
direitos étnicos, de gênero e das diversas camadas sociais de uma dada população devem ser afirmados, ou se as distinções culturais devem ser apreciadas. Independente das justificadas reivindicações desses grupos, seus objetivos deveriam ser considerados dentro de uma perspectiva humanista, não dentro de uma estrutura excludente, provinciana e idiossincrática. Para o ressurgimento de uma autêntica esquerda, o mito de um grupo "hegemônico" de pessoas oprimidas, que buscam reajustar as relações humanas em uma nova pirâmide hierárquica, deve ser substituído pelo objetivo de se chegar a uma ética de complementaridade, na qual as diferenças enriqueçam o todo. Na Antiguidade, os escravos da Sicília que se revoltaram, obrigando todos os homens livres a lutar como gladiadores no anfiteatro da ilha, agiam de maneira semelhante a seus senhores. Eles reproduziam o que era ainda uma cultura de escravos, substituindo um tipo de escravo por outro.

Além disso, se houver uma esquerda que, em alguma medida, assemelhe-se à esquerda que se foi, ela não poderá ser meramente uma "centro-esquerda". O liberalismo — com seu cardápio de pequenas reformas que confundem a irracionalidade da sociedade predominante e que faz com que ela seja mais aceitável socialmente — funciona em direito próprio. Ele não tem proximidade com a "esquerda", nem mesmo uma proximidade crítica. A esquerda deve demarcar seu próprio espaço, um espaço que se mantenha em oposição revolucionária à sociedade predominante e que não participe como parceira "de esquerda" em seu funcionamento.

EXISTIRÁ UMA ESQUERDA HOJE?

É certo que a esquerda que se foi lutou contra inúmeras irracionalidades da ordem social existente, tais como a exaustiva carga horária de trabalho, a fome desesperada e a pobreza abjeta. Ela fez isso porque a perpetuação dessas irracionalidades teria desmoralizado completamente as forças que lutavam por

A ESQUERDA QUE SE FOI

142 | transformações sociais fundamentais. Ela sempre fez reivindicações aparentemente "reformistas", mas as fez para mostrar o *fracasso* da ordem social existente na realização das necessidades mais elementares das pessoas excluídas. Na luta por essas "reformas", no entanto, a preocupação da esquerda que se foi era, de maneira explícita e decidida, enfatizar a necessidade de se modificar toda a ordem social, não de torná-la menos irracional e mais palatável. Hoje, a esquerda que se foi também estaria lutando, excessivamente, contra as forças que estão acabando com a camada de ozônio, destruindo as florestas e proliferando as instalações de energia nuclear, com o objetivo *preservar a própria vida* neste planeta.

Nesse mesmo sentido, a esquerda que se foi reconhecia que existem muitos problemas que *não podem* ser resolvidos dentro da estrutura do capitalismo. Ela sustentava, por mais "irreal" que fosse, sua posição revolucionária, em vez de usufruir de favores do governo ou entregar sua identidade a programas oportunistas. A todo momento, a história mostra a esquerda com claras alternativas ou com progressos "efetivos" de ação. Em agosto de 1914, por exemplo, não existiam forças que pudessem impedir a eclosão da Primeira Guerra Mundial, nem mesmo a social-democracia, que havia se comprometido com a oposição à guerra. A esquerda tinha de viver uma vida ineficaz, frequentemente secreta e frustrante, entre as emanações de um nacionalismo agressivo e popular, que tragou grande parte da Europa, incluindo a maioria dos trabalhadores do movimento socialista. Da mesma maneira, em 1938, não havia mais qualquer possibilidade da Revolução Espanhola ser salva dos ataques militares fascistas e da traiçoeira contrarrevolução stalinista, apesar das bravas lutas que continuaram por grande parte do ano seguinte.

Lamentavelmente, há algumas situações dificílimas, nas quais uma autêntica esquerda pode apenas tomar uma posição moral, sem esperanças de intervir com sucesso. Nesses casos, ela pode apenas tentar educar, com paciência, aqueles que estejam dispostos a ouvir e expor suas ideias para indivíduos racionais, por menores que sejam as plateias, agindo

MURRAY BOOKCHIN

como uma força ética que se opõe à "arte do possível", para | 143
utilizar uma definição liberal famosa da política. Um caso recente, foi um admirável *slogan* que surgiu no início da Guerra do Golfo: "Nenhum dos lados está certo" — um *slogan* que, obviamente, não combinava com a atitude nacionalista da grande maioria do povo americano, e nem era politicamente efetivo. Na realidade, escolher um dos lados na Guerra do Golfo teria sido, de um lado, confundir o chauvinismo nacional americano com a democracia, ou, de outro, confundir uma indiferença ao totalitarismo de Saddam Hussein com "anti-imperialismo".

Querer que uma autêntica esquerda possa *sempre* ter uma solução prática para todos os problemas da sociedade é quimérico. Defender os "males menores" como soluções para todo mal que essa sociedade gera conduzirá ao pior dos males possíveis — a dissolução da esquerda em um pântano liberal de humilhações e concessões infindáveis. No meio de todas suas lutas em apoio às questões concretas, uma autêntica esquerda tem de defender a posição de que a sociedade presente deve ser demolida e substituída por uma outra, que seja racional. Tal foi o caso de socialistas como Eugene V. Debs e de anarquistas como Emma Goldman e Alexandre Berkman, membros da esquerda que se foi. Sendo direto: o que esta sociedade faz com frequência não deveria impedir os membros da esquerda de investigar a lógica dos acontecimentos racionalmente ou de defender como a sociedade *deveria* ser. Qualquer esforço para adaptar o "deveria" racional ao "é" irracional abandona o espaço no espectro político que deveria ser ocupado por uma esquerda que tem como premissas a razão, a liberdade e o humanismo ecológico. A necessidade de manter firmes os principais compromissos que minimamente definem a esquerda pode nem sempre ser popular, mas a alternativa às monstruosas irracionalidades que permeiam a sociedade atual deve sempre ser mantida, alimentada e desenvolvida, se quisermos um dia chegar a uma nova sociedade.

Pode ser que em um futuro próximo uma autêntica esquerda tenha uma pequena, se tiver alguma, perspectiva de ter muitos adeptos. Porém, se ela renunciar aos princípios mais básicos que a definem — internacionalismo, democracia, antimilitarismo, revolução, secularismo e racionalismo; assim como outros, como o confederalismo —, a palavra *esquerda* não terá mais qualquer significado em nosso vocabulário político. Alguém pode se chamar de liberal, de social-democrata, de verde "realo" ou de reformista. Essa é uma decisão que cada indivíduo é livre para tomar, de acordo com suas convicções políticas e sociais. Porém, para aqueles que reivindicam ser de esquerda, deveria existir uma clara compreensão de que a utilização do termo "esquerda" envolve a aceitação de princípios fundamentais que, literalmente, definem e justificam a utilização da palavra. Isso significa que algumas ideias como nacionalismo, provincianismo, autoritarismo — e, certamente, para os anarquistas de todos os tipos, qualquer compromisso com um Estado Nação — e símbolos como o rifle quebrado do pacifismo são totalmente estranhos aos princípios que definem a esquerda. Tais ideias, introduzidas na política, não têm espaço em qualquer política que possa ser autenticamente caracterizada como uma política de esquerda. Se tal política não existir, deve-se permitir que o termo *esquerda* pereça com honra.

Porém, se a esquerda tivesse finalmente de desaparecer por razão da fusão de perspectivas reformistas, liberais, nacionalistas e provincianas, a sociedade moderna perderia o "princípio da esperança", para usar a expressão de Ernst Bloch, um princípio permanente que guiou todos os movimentos revolucionários do passado. A esquerda não seria mais a consciência da sociedade e nem poderia expor a posição de que a sociedade atual é totalmente irracional e deveria ser substituída por uma outra, guiada pela razão, pela ética ecológica e pela real preocupação pelo bem-estar humano. No que me diz respeito, o mundo atual não é aquele em que eu gostaria de viver.

Maio de 1991

Edição _	Felipe Corrêa Pedro e Jorge Sallum
Coedição _	Bruno Costa e Iuri Pereira
Capa e projeto gráfico _	Júlio Dui e Renan Costa Lima
Imagem de capa _	Clifford Harper
Programação em LaTeX _	Marcelo Freitas
Revisão _	Felipe Corrêa, Alexandre B. de Souza, Victor Calejon e Manoel Nascimento
Assistência editorial _	Bruno Oliveira
Colofão _	Adverte-se aos curiosos que se imprimiu esta obra em nossas oficinas em 20 de janeiro de 2011, em papel off-set 90 g/m², composta em tipologia Minion Pro, em GNU/Linux (Gentoo, Sabayon e Ubuntu), com os softwares livres LaTeX, DeTeX, vim, Evince, Pdftk, Aspell, svn e TRAC.